REDLINE WIRTSCHAFT
bei verlag moderne industrie

Harry Holzheu

Emotional Selling®
Wer nicht lächeln kann, macht kein Geschäft

REDLINE WIRTSCHAFT
bei verlag moderne industrie

Harry Holzheu
Wer nicht lächeln kann, macht kein Geschäft: Emotional Selling®
3., aktualisierte und erweiterte Auflage
Frankfurt: Redline Wirtschaft bei moderne industrie, 2003
 ISBN 3-478-81312-3

Unsere Web-Adresse:

http://www.redline-wirtschaft.de

Inhaltsverzeichnis

Vorwort zur Neuauflage 2003

Verkaufen hat eine andere, neue Definition und Bedeutung erhalten. Mit Hochdruck verkaufen ist verpönt, niemand läßt sich mehr unter Druck setzen. Kunden wollen frei entscheiden und sich Zeit lassen. Ich selber habe nie etwas verkauft, obwohl ich über 20 Jahre lang im Vertrieb tätig war, zuerst als Verkäufer und dann als Sales Manager. Ich habe immer nur „gemacht, bis der Kunde kaufte". Dieses softe Vorgehen ist jetzt sehr aktuell geworden.

Die Bedingungen sind äußerst ungünstig: Eine immer größer werdende Zahl von Anbietern drängt in die immer gleichen Märkte. Die Kunden streichen Projekte, kürzen Investitionen, weichen auf „Notbehelfe" aus. Im eigenen Unternehmen beginnt man, den Zweiflern Gehör zu schenken, die zugunsten eines niedrigeren Preises Abstriche an der Qualität machen wollen. Und am Ende steht die Verkaufsmannschaft und wirkt ratlos.

Ich versuche, in diesem Buch aufzuzeigen, wo die Auswege liegen: indem erstens die Kontaktquote massiv aufgestockt, zweitens die Beziehungspflege auf mehr Personen ausgeweitet wird und drittens die Ansprechpartner „in höheren Etagen" gesucht werden.

Im Auftritt des Verkäufers geht es nicht mehr in erster Linie um Argumente, sondern um die ganze Persönlichkeit. Nur so können Sie Türen öffnen, weil Sie jemand gerne einläßt.

Sie selbst werden zum entscheidenden Faktor des Verkaufserfolges. Auch in diesen heutigen, schwierigen Marktbedingungen gibt es Verkäufer, die einen überdurchschnittlichen Erfolg erzielen. Sie verkaufen ihr „persönliches Markenzeichen" und erst in zweiter Linie ihre Produkte oder Dienstleistungen.

Zürich, Herbst 2003

Harry Holzheu
Unternehmensberater für Führungskommunikation
Bellariarain 4, CH-8038 Zürich
Tel. ++41-1-481 88 54 Fax ++41-1-482 98 56
E-Mail: harry@holzheu.ch
http://www.holzheu.ch

Emotional Personal Selling

Verkaufen kann man letztlich immer nur über Menschen. Auch wenn E-Commerce einen großen Teil der Verkaufstransaktionen übernehmen wird, fehlt eines: die Beziehung zu einem Menschen. Einfach eine Ware zu bestellen, das konnte man bisher auch schon im Versandhandel aufgrund eines Kataloges tun.

Mit den Call-Centers wird so eine Art Zwischenlösung angestrebt: mit wenig Aufwand am Telefon verkaufen. Das hat sicher auch seine Zukunft, kann aber das Face-to-Face-Gespräch nicht ersetzen. Auch wenn die Stimme körpersprachlich sehr viel ausdrückt, fehlen doch der Augenkontakt, die persönliche Nähe, der Händedruck, die Umgebung usw.

Das Kauferlebnis hängt weitgehend von den Menschen ab, mit denen man zu tun hat. Vertrauen kann man in eine Marke und in ein Unternehmen haben, aber letztlich hat man Vertrauen immer nur zu einem Menschen. Nichts wird den Menschen ersetzen können, der mit anderen Menschen kommuniziert.

Verkaufen ist eigentlich immer nur kommunizieren. Wer besser kommunizieren kann, verkauft besser. Wer sehr gut kommunizieren kann, lebt glücklicher.

Im Zentrum steht der aktive Mensch

Europa ist wirtschaftlich eine Großbaustelle. Noch lange wird verändert, umstrukturiert, fusioniert und weitergebaut werden müssen. Die Rahmenbedingungen in den einzelnen Ländern müssen angepaßt und aufeinander abgestimmt werden. Arbeitsplätze zu erhalten, ist eine der zentralen Aufgaben aller Länder Europas. Ob dies aber gelingt, ist unsicher. Jeremy Rifkin entwickelt in seinem Buch „Welt ohne Arbeit" seine Vision einer dritten Kraft: die Non-profit-Organisationen, wo zu Mindestlöhnen gearbeitet wird. Dies als ein Gegengewicht zur Shareholder-Value-Zielsetzung. Eine solche wirtschaftliche Option erscheint zweifelhaft.

Eines ist aber sicher: Die Kommunikation zwischen Menschen wird eine wachsende Rolle spielen. Gerade bei den gegenwärtigen Transformationsprozessen muß offen kommuniziert werden, sonst sind die angestrebten Veränderungen und Umstrukturierungen höchst gefährdet. Das Gegenteil der offenen Kommunikation – Verteidigen der bisherigen Positionen und Funktionen, Mobbing, Intrige, Kampf um die eigene Stellung – das alles ist fatal.

Kommunikations-Willigkeit ist noch lange nicht Kommunikations-Fähigkeit. Richtig zu kommunizieren mit anderen Menschen muß von vielen noch erlernt werden. Oft wird in Gesprächen das Gegenteil dessen erreicht, was man will:

- Die Gesprächspartner und Gesprächspartnerinnen sind nicht überzeugt.
- Potentielle Kunden oder Kundinnen kaufen nicht.
- Verhandlungspartnerinnen sagen ab und steigen aus.
- Es entstehen in Gesprächen schlechte Gefühle, die sich verheerend auswirken.

Kommunikationsfähigkeit erfordert Emotionale Intelligenz. Das Vermitteln von rationalen, überzeugenden Argumenten genügt nicht. Gleichzeitig muß in Gesprächen mehr auf die Gefühle geachtet werden. Gefühle spielen eine größere Rolle in Diskussionen, Verhandlungen, Einzelgesprächen usw., als allgemein zugegeben wird. Die meisten Entscheidungen sind sehr stark emotional beeinflußt, was aber niemand wirklich wahrhaben will. Man zieht rationale Gründe heran, um emotional gefällte Entscheidungen zu rechtfertigen. Dieser psychologische Prozeß des Rationalisierens ist weitverbreitet. Er kann nur von Könnern erkannt und beeinflußt werden. Die erfolgreichsten Menschen sind immer emotionale Profis, d. h., sie haben die Fähigkeit, mit den eigenen Emotionen und denjenigen anderer Menschen konstruktiv umzugehen.

Man kann lernen, erfolgreich zu kommunizieren. Dies wird eine große Rolle in der künftigen Erwachsenenbildung spielen. Diejenigen, die gut kommunizieren können, werden sich immer durchsetzen. Sie brauchen auch keine Angst zu haben, einen Arbeitsplatz zu finden. Gut zu kommunizieren ist eine Voraussetzung für den Verkaufserfolg und den persönlichen Erfolg. Wer besser kommunizieren kann, lebt glücklicher.

Die verschiedenen Formen der Intelligenz

Sie kennen sicherlich Ihren *IQ (Intelligenz-Quotient).* Der IQ stellt das Maß für die allgemeine intellektuelle Leistungsfähigkeit dar, er läßt sich also bestimmen. Dafür existieren verschiedene Testserien, die mittlerweile allerdings recht umstritten sind. Man hat längst erkannt, daß es verschiedene Formen der Intelligenz gibt. Wie soll man zum Beispiel „Bauernschläue" einordnen? Diese ist eine Form der Intelligenz, die nichts mit dem IQ zu tun hat und die – in sehr vielen Fällen – zum Erfolg führt.

Der amerikanische Psychologe Daniel Goleman beschreibt *Emotionale Intelligenz* als eine Intelligenz der Gefühle, d. h. die Fähigkeit, Gefühle zu meistern und mit ihnen in Gesprächen, Verhandlungen, Vorträgen usw. konstruktiv umzugehen. Bisher hat man diese Fähigkeit unter dem Oberbegriff *Soziale Kompetenz* eingeordnet.

Soziale Kompetenz ist die Fähigkeit, mit sich selbst, seinem Leben, und mit anderen Menschen konstruktiv umgehen zu können.

Gemeint ist damit die Fähigkeit, mit den eigenen Gefühlen und den Gefühlen anderer gut umgehen zu können. Es geht also um die Kommunikations- und Motivationsfähigkeit. Beides ist in letzter Zeit immer wichtiger geworden.

Goleman hat den *EQ (Emotionaler Quotient)* kreiert und sagt, daß der EQ wichtiger sei als der IQ. Damit sagt er nichts anderes, als daß die soziale Kompetenz für eine erfolgreiche Karriere eine ebenso wichtige Rolle spielt wie die fachliche Kompetenz. Viele sehr intelligente Menschen mit einem hohen IQ sind deshalb gescheitert, weil sie es nicht verstanden haben, ihr Wissen anderen zu vermitteln. Andere, die an sich kein großes Wissen und keine akademische Ausbildung hatten, haben es im Leben weit gebracht, weil sie einen hohen EQ besitzen. Sie verstehen es, andere Menschen zu überzeugen und sich durchzusetzen.

Im Verkauf wird deshalb das *Emotional Selling* immer wichtiger. Neben den sachlichen Kaufmotiven und Verkaufsargumenten, die nach wie vor eine große Rolle spielen, kommt es immer mehr darauf an, ob man die Gefühle des potentiellen Kunden anspricht. Neben dem sachlichen und meßbaren Nutzen, den man von einem Angebot bekommt, spielen Image, Vertrauen, Träume, Visionen, Wellness und andere emotionale Kaufmotive eine entscheidende Rolle. Wer es besser versteht, die Gefühle anderer Menschen positiv anzusprechen, gewinnt.

Die fünf Kriterien Emotionaler Intelligenz

– nach Daniel Goleman: „Die Emotionale Intelligenz"

1. Eigene Gefühle erkennen

Sie müssen sich klar darüber werden, was eigentlich in Ihnen vorgeht, und zwar situativ und jetzt. Was haben Sie momentan für Gefühle? Das müssen Sie erkennen, bevor Sie daran etwas ändern wollen. Wenn Sie sich „im Griff" behalten wollen, müssen Sie zuerst wissen, weiche Gefühle in Ihnen jeweils vorherrschen. Wenn Sie diese Gefühle verdrängen, besteht die Gefahr, daß Sie von ihnen dominiert oder sogar gesteuert werden.

2. Eigene Gefühle managen

Als zweites müssen Sie versuchen, Ihre momentanen Gefühle in den Griff zu bekommen. Sich selbst zu managen ist vielleicht das Schwierigste, was es gibt. Wenn es Ihnen gelingt, wenigstens zu erkennen, daß Sie im Begriff sind, Ihre Selbstbeherrschung zu verlieren, können Sie noch etwas dagegen tun. Wenn Sie warten, ist es oft zu spät und Sie sind ganz Sklave Ihrer momentan dominierenden Gefühle. Das können sowohl negative als auch positive Gefühle sein. In beiden Extremen lauern Gefahren. Der

Jähzornige, Haßerfüllte ist zu grausamen Taten bereit. Der allzu Begeisterte, Euphorische verliert jeden Bezug zur Realität und läßt sich zu unvernünftigen Entscheidungen hinreißen.

3. Die Gefühle anderer erkennen

In allen Kontakten mit Ihren Mitmenschen ist es ganz wichtig, daß Sie erkennen, wie sich jemand fühlt. Besonders in Ihren Gesprächen und Vorträgen müssen Sie laufend darauf achten, was Ihnen Ihre Gesprächspartner oder Zuhörer nonverbal zurücksignalisieren. Fragen Sie sich laufend: „Wie komme ich an? Wie kommt meine Botschaft an? Wie reagiert er oder sie?" Wenn Sie feststellen, daß sich in Ihren Gesprächspartnern schlechte Gefühle aufbauen, können Sie anhalten und versuchen, diese positiv zu verändern, bevor Sie weiterfahren. Tun Sie das nicht, reden Sie sich immer mehr „ins Off", und Ihre besten Argumente prallen ab.

4. Die Gefühle anderer positiv verändern

Sie können andere Menschen durch eigene, gute Gefühle positiv beeinflussen und für sich gewinnen. Auch können Sie ihnen Angst und Bedenken wegnehmen, indem Sie ihnen Mut und Zuversicht geben, sie motivieren und begeistern. So „greifen" Ihre Argumente besser und die Menschen „tun es Ihretwegen, für Sie", weil sie zutiefst überzeugt und motiviert sind. Sind sie das nicht, sagen sie zwar: „Ja!", denken aber bereits: „Warte nur!"

5. Selbstmotivation

Sie müssen immer wieder einen tieferen Sinn finden in Ihrem eigenen Tun. Nur dann sind Sie selbst motiviert. Wer nicht selbst motiviert ist, kann andere nicht motivieren! Ihre Stimmungsschwankungen müssen Sie durch ein persönliches, individuelles Selbstmotivationsprogramm ausgleichen können. Sie müssen immer wieder den Glauben an sich selbst und an die Sache finden.

Sich selber besser verkaufen

Wie man „sich selbst verkaufen" kann, darauf kommt es immer mehr an. Wer mit Menschen redet, wirkt hauptsächlich als Person. Abgesehen davon, *was* gesagt wird, ist die Art und Weise, *wie* man bei den Gesprächspartnern ankommt, von großer Bedeutung.

In allen Bereichen der Wirtschaft, in Führung und Verkauf sind die Begegnungen und Gespräche zwischen einzelnen Menschen letztlich das Entscheidende. Wie man miteinander redet, ob man überhaupt miteinander redet, kann ganz weitreichende Konsequenzen haben. Redet man nicht oder nicht mehr miteinander, erlischt jede Möglichkeit der Verständigung, und man geht vor Gericht. Dann reden Drittpersonen miteinander. Diese können die Interessen selten so gut vertreten wie die Betroffenen selbst.

Videokonferenzen ersetzen persönliche Gespräche auch nicht. Irgendwie funktioniert die Gefühlsübertragung nicht, und man öffnet sich nicht ganz. Man hat vielleicht eine leise Angst, daß noch irgend jemand mithört und mitbeobachtet.

Am Telefon fehlt der Blickkontakt. Obwohl die Stimme erstaunlich viel der fehlenden sichtbaren Körpersprache übernimmt, ersetzt ein Telefongespräch niemals ein Auge-in-Auge-Gespräch. Verhandeln soll man am Telefon schon gar nicht.

Face-to-face-Gespräche, wie es die Amerikaner nennen, sind einzigartig. Diese Einzigartigkeit muß man unbedingt mehr nutzen.

Charisma

Was ist Charisma? Ist es eine übernatürliche Kraft, die einzelne Menschen besitzen und damit einen gewaltigen Einfluß auf andere ausüben? Ist es eine Gottesgnade, die nur wenigen gegeben ist?
Vielleicht war das früher so. Heute ist Charisma einfach Ausstrahlung. Es ist das, was von einem Menschen ausgeht. Von jedem Menschen geht etwas aus. Jedermann hat eine Ausstrahlung. Allerdings kann sie stärker oder schwächer, positiv oder eher negativ sein.

Wie kann diese Ausstrahlung so verstärkt werden, daß man von Charisma spricht? Charisma ist heutzutage sehr gefragt, man kann den Ausdruck sogar in Stelleninseraten finden: „Gesucht wird eine Führungskraft mit Charisma." Menschen mit einem starken Charisma können fast alles erreichen, was sie wollen. Sie üben – meist unbewußt – einen großen Einfluß auf andere Menschen aus. Sie wirken vertrauenerweckend, glaubwürdig und zuversichtlich. Man hört auf sie und befolgt ihre Ratschläge.

Um Charisma zu bekommen, muß man als erstes sich selbst so akzeptieren, wie man ist. Auf keinen Fall soll man eine fremde Rolle spielen wollen. Sobald man sich verfremdet, kommt man nicht mehr an und wirkt unglaubwürdig. Man soll nichts verleugnen, was die eigene Herkunft, Kindheit, Jugend, Elternhaus, Erziehung, Schule, Ausbildung (oder auch fehlende Ausbildung!), Tradition, Geschichte betrifft. Alles, was man erlebt hat, prägt. Leugnet man etwas davon, verwischt oder vertuscht man es, fehlt es dann irgendwann. Man ist nicht mehr authentisch. Merkwürdigerweise haben die meisten Menschen ein starkes Gefühl für Authentizität. Man spürt meist sofort, wer eine Rolle spielt, die nicht zu seiner Persönlichkeit paßt.

Vorsicht ist gegeben bei Ratschlägen anderer. Welche Kleidung steht mir? Welche weniger? Soll ich meinen Bart wegnehmen oder ihn stehen lassen?

Das muß man selber entscheiden. So etwas kann ein Markenzeichen sein.

Jeder Mensch hat die Anlagen zu einem Original, er muß nur sein Markenzeichen suchen.

- *Was ist mein Markenzeichen?*
- *Was an mir wirkt auf andere Menschen besonders stark?*
- *Gibt es Unvollkommenheiten an mir, die mich stören?*

Diese Fragen sind sehr wichtig. Menschen mit Charisma haben alle ein Markenzeichen. Das kann etwas an der äußeren Erscheinung, aber auch eine Charaktereigenschaft, eine bestimmte Art sich auszudrücken (etwa ein Dialekt) oder eine andere Eigenart sein.

Wenn es eine Unvollkommenheit gibt – und die meisten Menschen haben irgendeine Unvollkommenheit – ist es wichtig, wie man dazu steht. Stört sie einen, stört sie auch die anderen! Hat man sich mit dieser Unvollkommenheit versöhnt und stört sie einen nicht, stört sie niemanden!

Die Projektion ist Teil des Charismas. Alles, was man denkt und fühlt, projiziert man auf andere.

Was Du bist, schreit so laut in meine Ohren, daß ich nicht hören kann, was Du sagst.

(Emerson)

Menschen, die sich selber mögen und sich so annehmen, wie sie sind, haben die beste Voraussetzung, Charisma zu bekommen. Leider sind viele Menschen mit sich selbst unzufrieden. Das projizieren sie laufend auf andere. Eine solche negative Ausstrahlung wirkt abstoßend. Menschen, die mit sich selbst unzufrieden sind, können nie eine positive Ausstrahlung haben. Überall, wo sie hinkommen, erzeugen sie ein schlechtes Klima, man fühlt sich nicht wohl bei ihnen.

Ohne Credo gibt es kein Charisma. Nur wer an sich selber glaubt, wirkt auf andere Menschen. Jemand, der von Selbstzweifeln geplagt ist, projiziert diese Zweifel auf andere und wirkt deshalb zweifelhaft.

Dieser Glaube an sich selbst soll eine gewisse Selbstkritik nicht ausschließen.

Bevor man jedoch auf Menschen zugeht, Vorträge hält, Gespräche und Verhandlungen führt, muß man ganz von seiner eigenen Kompetenz, seiner Positionierung und seiner Mission überzeugt sein. Je stärker der Glaube an sich, seine Mission und das, was man erreichen will, ist, desto stärker ist das Charisma.

Charisma ist eine Folge positiver Gedanken und Gefühle gegenüber sich selbst, seiner Sache und seiner Mission. Es braucht oft sehr viel Zeit, bis diese inneren Denkprozesse so weit gediehen sind, daß Charisma entsteht.

Jeder Mensch kann Charisma bekommen. Der Mensch ist sich selbst der größte Feind. Es sind vor allem negative Gedanken, die den Erfolg verhindern: „Das schaffe ich nie! Das kann ich nicht! Dazu habe ich die Begabung nicht!"

Wenn man solche Gedanken verscheucht, sie nicht zuläßt und positiv denkt: „Das schaffe ich! Das kann ich! Dazu bin ich fähig und in der Lage!", wird manches möglich, was vorher unmöglich schien. In diesem Sinne ist es auch möglich, die eigene Ausstrahlung zu erhöhen, indem man intensiv positive Gedanken denkt und an seine Mission und seine Sache glaubt.

> **Jeder Mensch hat einen göttlichen Funken in sich, mit dem er ein heiliges Feuer entfachen kann.**
>
> (altes Sprichwort)

Der eigene Sympathiewert

Wer wirkt sympathisch? Wer weniger? Ist das eine Frage des Geschmacks oder der „Chemie"?

Es gibt sicher eine gewisse Prozentzahl von Menschen, denen man einfach nicht sympathisch ist, da kann man machen, was man will. Dieser Prozentsatz darf aber nicht zu hoch sein, man rechnet mit zwei bis drei Prozent. In diesen Ausnahmefällen stimmt die „Chemie" einfach nicht. Man kann sich auf den Kopf stellen, es hilft einfach nichts. Es ist so, wie wenn man zwei gleichpolige Magnetfelder zusammenbringen möchte.

Bei über neunzig Prozent der Menschen kann man jedoch Sympathie hervorrufen. Wie kann der eigene Sympathiewert dermaßen erhöht werden, damit man dieses Resultat erreicht?

Man muß Menschen mögen. Wenn eine Person andere Menschen mag, haben diese es schwer, diese Person nicht auch zu mögen. Liebe ist die größte Kraft der Welt. Sie kann

Berge versetzen und Wunder vollbringen. Das ist altbekannt, aber zugleich auch sehr philosophisch. Wie kann nun die eigene Einstellung so beeinflußt werden, daß man Vorurteile und Vorbehalte abbauen kann und eine grundsätzlich positive Einstellung zu anderen Menschen gewinnt?

Liebe Deinen Nächsten wie Dich selbst.

So steht es geschrieben. Und genau das ist so schwer zu erreichen. Aber man kann das auch so verstehen: Um andere Menschen zu mögen, muß man zuerst einmal sich selbst mögen. Damit ist bestätigt, was vorher ausgesprochen wurde: Nur wer zu sich selbst eine positive Einstellung hat und sich bejaht, kann andere Menschen a priori gern haben. Wer mit sich selbst unzufrieden ist, ist zwangsläufig auch mit anderen unzufrieden.

Emotionale Verkaufstechniken erhöhen den eigenen Sympathiewert. In diesem Buch werden das Struktogramm, NLP und das Aktive Zuhören beschrieben. Alle drei Techniken machen die Personen sympathisch, die sie anwenden.

Wer andere Menschen im Sinne des Struktogramms einschätzen kann und ihnen das gibt, was sie unbewußt erwarten, erscheint sehr sympathisch.

Wer nach NLP der Bezugsperson signalisiert, daß er eigentlich genau gleich fühlt wie sie, und über den dominierenden Kommunikationskanal zu ihr eindringt, wirkt außerordentlich sympathisch. Es geht sogar noch weiter. Man wünscht sich die Gegenwart so einer „gleichgeschalteten Person", man wünscht sie sich sehr.

Wer zuhören kann, ist sympathisch. Das war schon immer so. Werden nach der Methode von Carl Rogers nun auch

Gefühle zurückgespiegelt, wirkt man derart verständnis- und vertrauensvoll, daß eine hohe Sympathie entsteht.

Ganz entscheidend ist jedoch die positive Einstellung gegenüber der Bezugsperson. Alle emotionalen Verkaufstechniken versagen, wenn eine negative Einstellung vorherrscht. Sie deckt alles andere zu. Negative Gefühle, die von einem selbst ausgehen, erzeugen in der Bezugsperson ebenfalls negative Gefühle. Die Gefühlsübertragung ist so stark, daß in der Beziehung eine Störung entsteht, wenn eigene negative Gefühle überwiegen.

Eigene Gefühle managen

Emotional Personal Selling erfordert gute Gefühle. Wie kann man nun aber eine grundlegend positive Einstellung zu all den Menschen gewinnen, mit denen man geschäftlich zu tun hat? Sie sind einem ja nicht alle gleichermaßen sympathisch. Vielleicht hat man auch mit einzelnen Menschen schlechte Erfahrungen gemacht und hat – berechtigterweise – schlechte Gefühle ihnen gegenüber.

Schlechte Gefühle, Vorurteile, Voreingenommenheit verhindern Sympathie. Wenn jemand in ein Gespräch oder in eine Verhandlung einsteigt und gegenüber einer bestimmten Person eine negative Einstellung hat, mit der er oder sie Einigung, Übereinkunft oder einen Verkaufsabschluß erzielen will, ist der Mißerfolg bereits vorprogrammiert. Die eigenen schlechten Gefühle übertragen sich auf die anderen, und es entsteht Widerstand, eine schlechte Atmosphäre und oft auch Aggression. Niemand kann das bewußt wahrnehmen, aber die Erfahrung zeigt, daß das so ist. Aufgrund dieser schlechten Gefühle, die man selbst mitbringt und ausstrahlt, sind nur selten Erfolge möglich.

Eigene Gefühle managen ist Teil der emotionalen Intelligenz. Gemeint sind vor allem die schlechten Gefühle. Was kann aber jemand tun, der vom Charakter her sehr emotional ist und oft von seinen Gefühlen gesteuert wird? Was macht ein temperamentvoller Mensch, der zu Jähzorn neigt? Wie lassen sich schlechte Gefühle in den Griff bekommen?

Es kann gefährlich werden, wenn man von starken negativen Gefühlen dominiert wird. Sogar Mord und Totschlag kann es geben. Schon mancher hat eine Untat begangen und dann im nachhinein erfahren müssen, daß er nicht mehr Herr seiner selbst war. Möglicherweise wirkt sich das im Falle eines Prozesses strafmildernd aus, aber die Tat wurde trotzdem begangen.

Wenn man zum Sklaven seiner momentan dominierenden Gefühle wird, kann es gefährlich werden. Das können sowohl negative als auch positive Gefühle sein. Der jähzornige, haßerfüllte Mensch ist zu Taten fähig, die er hinterher bereut. Der allzu begeisterte, euphorische Mensch verliert den Bezug zur Realität und läßt sich zu unvernünftigen Entscheidungen hinreißen.

Das eigene Gefühlsmanagement kann über das Lebensglück entscheiden. Auf jeden Fall bestimmt es das Emotional Personal Selling. Jemand, der oft von seinen Gefühlen dominiert wird, verkauft sich schlecht. Man meidet solche Leute, weil man nie sicher sein kann, wenn sie explodieren. Ist man mit solchen Leuten zusammen, sitzt man wie auf einer Zeitbombe. Man kann sich nicht entspannen, weil man nie weiß, wann „es los geht". Je mehr Menschen den Kontakt zu solchen Leuten meiden, desto größer wird die Gefahr der Abkapselung. Ein von seinen Gefühlen ständig Dominierter lebt einsam. Einsam leben heißt meistens unglücklich leben.

Gefühlsmanagement funktioniert nicht rational. Obwohl Selbstbeherrschung bis zu einem gewissen Grad durch rationale, „vernünftige" Gedanken möglich ist, ist es nicht die alleinige Lösung. Im Gegenteil, je mehr man sich durch eiserne Selbstdisziplin zur Vernunft zwingen und dadurch negative Gedanken und Gefühle ausschalten will, desto stärker werden diese.

Lodern die Flammen von Zorn und Haß, ist Vernunft unmöglich. Wird Angst zu groß, entstehen panische Reaktionen. Neid und Mißgunst verhindern logische Überlegungen. Aber auch allzu große Freude und Begeisterung können realistisches Abwägen und Erörtern verhindern. Die rationalen Überlegungen sind meist erst hinterher möglich, wenn es schon zu spät ist. Gehandelt wurde bereits im Affekt.

Unsere Gefühle befinden sich nicht im logischen Gehirn, sondern im Unbewußten (im „Bauchgehirn"). Das Unbewußte reagiert nicht auf Befehle. Es ist wie ein wildes Tier: ungebändigt, ungebildet und primitiv. Das Unbewußte ist aber gleichzeitig völlig naiv. Es glaubt alles, akzeptiert alles.

Gefühlsmanagement erfordert Zugang zum eigenen Unbewußten. Ohne daß es dazu religiöse, mystische oder esoterische Einstellungen und Praktiken braucht, ist es möglich, sein eigenes Unbewußtes sehr stark zu beeinflussen. Es ist längst wissenschaftlich anerkannt, daß der Mensch fähig ist, über seine rechte Gehirnhälfte Einfluß auf sich selbst zu nehmen. Gewinnt man auf diese Weise Zugang zu sich selbst, kann in rasend schnellem Tempo sehr vieles aufgenommen, verarbeitet und registriert werden. Man denke nur an das *Superlearning,* womit das Lerntempo verzehnfacht werden kann – ohne jede Anstrengung.

Wer sich selbst unter Kontrolle haben will, muß Zugang finden zu seinem eigenen Unbewußten.

Zuerst muß man sich beruhigen und entspannen. Wenn man aufgewühlt, gestreßt, nervös, gehetzt, gereizt oder einfach nur ungeduldig ist, besteht keine Chance, sich über seine rechte Gehirnhälfte seinem Unbewußten anzunähern. Die Türe dorthin ist zu. Zudem ist man für andere meist unerträglich. Man ist ein öffentliches Ärgernis. Wie eine Flasche Rotwein, die man geschüttelt hat: ungenießbar. Man muß die Flasche zuerst für eine Weile hinstellen, damit sich der aufgewirbelte Satz wieder legen kann.

Doch wie kann man sich selbst beruhigen? Wie können vorherrschende Emotionen zu einem Maß abgebaut werden, damit sie nicht mehr schaden? Wie wird man ruhig und klar im Denken?

Nur der Ruhige ist echt stark. Der Nervöse, Aufgewühlte ist schwach. Um stark zu sein, braucht man innere Ruhe, eine gewisse Distanz und Gelassenheit.

In der Schauspielschule lernen die Schauspieler und Schauspielerinnen, wie man es anstellt, sich zu beruhigen. Es gilt vor allem, das Lampenfieber abzubauen. Bis zu einem gewissen Grad ist es allerdings erwünscht, denn es befähigt zu Höchstleistungen. Es bewirkt eine Adrenalin-Ausschüttung in die Blutbahn, die rein körperlich eine große Beanspruchung ermöglicht. Geht das Lampenfieber aber zu weit, wirkt es lähmend. Man wird unfähig, klar zu denken und sich entsprechend auszudrücken. Die Kontrolle des eigenen Lampenfiebers ist des Schauspielers tägliches Brot. Er muß das beherrschen. Zu den wichtigsten Methoden, zur Ruhe zu kommen, zählen gezielte Atemübungen.

Eine wirksame Atemübung

Die simpelste Methode, sich sofort zu beruhigen und soweit zu entspannen, daß man frei von Streß und Nervosität wird, besteht darin, vier- bis fünfmal richtig ein- und auszuatmen. Einatmen muß man durch die Nase; die Luft wird hochgezogen, bis die Lunge ganz gefüllt ist. Beim Einatmen soll man schnuppern. Dieses Schnuppern hat eine ganz bestimmte Funktion: Es löst das Zwerchfell. Ist man gestreßt und aufgeregt, ist das Zwerchfell verspannt. Ein verspanntes Zwerchfell führt zu Kurzatmung, die ihrerseits einen Sauerstoffmangel im Gehirn bewirkt. Das kann bis zu Absenzen führen. Früher pflegten die Damen häufig in Ohnmacht zu fallen. Das war wegen der Korsetts – bis oben zugeschnürt waren die Frauen zur Kurzatmung gezwungen.

Also, tief einatmen, dabei schnuppern und die Lunge so stark wie möglich füllen. Dann ausatmen, und zwar durch den Mund, „fallenlassen" und warten. Man wartet so lange, bis man den natürlichen Impuls zum Wiedereinatmen verspürt. Wir atmen ja nicht – zumindest nicht immer – bewußt, sondern „es atmet uns", sonst würden wir beim Einschlafen aufhören zu atmen. Das wäre fatal!

Es ist ganz phantastisch zu spüren, wie schon nach wenigen Atemzügen dieser Art Ruhe einkehrt. Man fühlt sich ruhig und stark, gleichzeitig aber unerhört energiegeladen. Diese Atemübungen können ganz diskret gemacht werden, ohne daß es andere überhaupt wahrnehmen. Vor einer wichtigen Besprechung, vor einem Auftritt, im Auto vor dem Aussteigen, im Vorzimmer während des Wartens, wo immer man für einige Momente ruhig sitzen kann. Wer sich im Sinne des Emotional Personal Selling gut verkaufen will, muß jederzeit imstande sein, sich zu entspannen und Ruhe zu finden. Das ist mit solchen Atemübungen möglich.

Positiv auf Menschen zugehen

Emotional Personal Selling heißt vor allem, daß man positiv und unvoreingenommen auf Menschen zugehen kann. Und zwar auf alle Menschen.

Wenn wir älter und weiser werden, können wir hoffen, uns so zu entwickeln, daß wir von immer mehr anderen Menschen akzeptiert, geschätzt und geliebt werden. Das ist sehr wichtig für das eigene Lebensglück.

Die Persönlichkeitsentwicklung ist ein lebenslanger Prozeß. Was ist eigentlich das Ziel der Persönlichkeitsentwicklung? Wohin wollen wir uns denn entwickeln?

Sehen wir das folgendermaßen:

Das oberste Ziel der Persönlichkeitsentwicklung ist, daß wir auf irgend einen Menschen zugehen können, wer immer das ist und was immer er getan hat. Und daß wir diesem Menschen – ohne Vorbehalte und ohne Vorurteile – unsere Zuwendung, Wärme und Wertschätzung entgegenbringen können.

Das ist wahrlich ein stolzes Ziel! Wir wissen nicht, ob wir es jemals erreichen. Aber wir können es doch so stehen lassen und uns immer wieder daran orientieren.

Emotional Personal Selling heißt eigentlich genau das: Wir sollten uns befreien von negativen Gefühlen, die wir gegenüber einem Menschen haben, der auf uns zukommt oder auf den wir zugehen.

Das kann ein prospektiver Kunde sein, den wir noch nicht kennen. Wir dürfen auf keinen Fall aufgrund der äußeren Erscheinung eine Einschätzung vornehmen. Sie ist meistens falsch und bedeutet eigentlich nichts anderes als ein Vorurteil. Wir sollten uns nicht mit solchen verfrühten Einschätzungen und Vorurteilen belasten, sondern völlig offen bleiben, wenn wir einem Menschen zum ersten Mal begegnen. Seien wir neugierig, was das für ein Mensch ist. Versuchen wir, die Welt zu entdecken, die hinter ihm steht! Das macht die Sache ungeheuer spannend.

Bei einem bereits bekannten Kunden wird die Sache schwieriger. Möglicherweise haben wir ihn in schlechter Erinnerung, möglicherweise sind Dinge passiert, die uns – vielleicht berechtigterweise – mit negativen Gefühlen erfüllen, wenn wir der Person begegnen.

Wie bauen wir nun solche negative Gefühle ab? Ist das überhaupt möglich? Können wir über unseren Schatten springen?

Die folgende Übung, die wir hier empfehlen, ist derart erfolgreich, daß es schon beinahe an Wunder grenzt, was damit alles erzielt werden kann. Dabei ist sie frei von religiösen, mystischen oder esoterischen Aspekten. Man benötigt lediglich eine gewisse Offenheit Dingen gegenüber, die man heutzutage noch nicht erklären kann. Man muß einfach akzeptieren, daß es funktioniert, auch wenn wir noch nicht wissen, wie das genau vor sich geht.

29

Bezugspersonen am Bildschirm

Diese Übung funktioniert nur, wenn man ruhig ist. Ist man erregt, gestreßt oder gereizt, muß unbedingt vorher eine Atemübung zur Beruhigung und Entspannung durchgeführt werden.

Man beachte den folgenden Übungsablauf:

Man schließt die Augen und stellt sich das Gesicht der Person vor, mit der man anschließend ein Überzeugungsgespräch oder eine Verhandlung durchführen will.

Am besten ist es, das Gesicht „am Bildschirm" einzublenden. Man stellt sich einfach ein Fernsehgerät vor und projiziert das Gesicht auf den Bildschirm. Kennt man den Betreffenden noch nicht, kann man sich irgendein Gesicht vorstellen und einfach seinen Namen darunterstellen.

Jetzt lenkt man einen gelben Strahl von Zuwendung, Wärme und Wohlwollen aus seiner Körpermitte heraus auf diese Person – so wie ein Sonnenstrahl.

Dann spricht man in Gedanken mit der Person. Man redet ihr gut zu, wie einem kleinen Kind: „Ich will nur Gutes von Dir, hab' Vertrauen, sei mir wohlgesinnt, ich mag Dich" usw. Negationen wie: „Sei mir nicht böse, hab' keine Angst!" sollten vermieden werden, denn das Unbewußte kennt keine Negationen. Es würde lediglich „böse" und „Angst" registrieren. Das wäre kontraproduktiv.

Das Ganze läßt man ein wenig wirken, solange man es für richtig hält.

Es ist immer wieder erstaunlich zu hören, welche Erfolge mit dieser Übung erzielt werden können. Damit konnten Prozesse verhindert, jahrelange Zwiste aufgelöst, Uneinigkeiten bereinigt werden und vieles mehr.

Die wissenschaftliche Erklärung für den Erfolg dieser Übung ist folgende:

Man gewinnt durch die tiefe Entspannung und die bildhafte Vorstellung des Gesichtes der Bezugsperson Zugang zu seinem Unbewußten. In diesem Zustand der Entspannung ist es ohne weiteres möglich, Wohlwollen zu empfinden, auch einer Person gegenüber, die man eigentlich ablehnt. Im Wachzustand geht das nicht. Durch diese Übung werden persönliche Vorurteile und schlechte Gefühle radikal abgebaut. Man ist anschließend frei von solchen belastenden Gefühlen, die sich auf die Person übertragen würden. Eine negative Projektion entfällt also.

Der gelbe Strahl aus der Körpermitte heraus mag vielleicht für viele etwas mystisch erscheinen. Es ist leicht erklärt:

Der Solarplexus, auch Bauchgehirn genannt, ist das Zentrum der Gefühle. Wir Menschen haben neben unserem Gehirn im Kopf auch eines im Bauch, wenn wir es so formulieren, können wir uns leichter vorstellen, was gemeint ist. Wir müssen nun einfach unser Bauchgehirn mehr aktivieren und einsetzen. Damit erreichen wir auf der emotionalen Ebene, „aus dem Bauch heraus" viel mehr.

Emotional Personal Selling geht immer aus dem Bauch heraus. Auch wenn rationale Überlegungen dafür sprechen, daß man Emotional Selling anwendet, daß man sich selber besser verkaufen muß, ist der eigentliche Prozeß immer ein emotionaler Prozeß.

Die große Kunst ist es, über den Verstand zu seinem Unbewußten (dem Bauch) zu gelangen und dort Prozesse auszulösen, die erwiesenermaßen die eigenen Gefühle und die eigene Befindlichkeit positiv verändern.

Sollte jemand diese Übung als kindisch, mystisch, weltfremd oder esoterisch ablehnen, empfehlen wir, daß er sie doch einfach mal ausprobiert. Es gibt keine Risiken. Wahrscheinlich wird er dann erleben, wie ihn diese Übung stark und ruhig macht und von allen schlechten Gefühlen befreit.

Die bisher erzielten Erfolge sind frappant. Hier drei Beispiele:

Die Besitzerin eines Kosmetiksalons hat ein neues Lokal gemietet. Es ist ein Ladenlokal. Sie bringt an den Schaufenstern eine Reklameschrift an, damit die vorbeifahrenden Automobilisten besser auf den Kosmetiksalon aufmerksam werden. Daraufhin bekommt sie vom Hausbesitzer einen eingeschriebenen Brief, die Beschriftung müsse wieder entfernt werden. Das sei nicht Bestandteil des Mietvertrages, und die Schrift würde die Fassade des Hauses verschandeln. Die Frau vereinbart einen Gesprächstermin mit dem Hausbesitzer und macht täglich eine Übung, wie beschrieben, und auch noch kurz vor dem Gespräch. Im Gespräch bittet sie den Hausbesitzer frei heraus, er möge ihr doch entgegenkommen und die Beschriftung stehen lassen, obwohl sie dafür keinerlei rechtliche Grundlage hätte. Der Hausbesitzer ist einverstanden.

Ein Telecom-Monteur muß ab und zu eine schwierige Kundin besuchen, um deren Anlage zu warten oder zu reparieren. Die Kundin faucht ihn jedesmal an, und er muß sich sehr beherrschen. Er wird jedesmal wütend und möchte ihr am liebsten die Augen auskratzen. Als er diese Übung kennenlernte, führte er sie vor seinem nächsten Besuch mehrmals durch. Die Frau war für ihn nicht wiederzuerkennen. Sie behandelte ihn äußerst freundlich und zuvorkommend und offerierte ihm sogar einen Kaffee!

Ein Besitzer eines Grundstückes möchte einfach nicht verkaufen. Ein Interessent, der das Grundstück gerne hätte, um darauf ein Haus zu bauen, hat mehrere Verhandlungen mit ihm geführt, ohne Erfolg. Im Gegenteil: Der Besitzer verhärtet sich immer mehr. Der Interessent lernt diese

Übung kennen, führt sie mehrmals durch und kann bei seiner nächsten Verhandlung das Grundstück erwerben. Wir könnten viele weitere, ähnliche Beispiele anführen. Im Sinne des Emotional Selling ist diese Übung vielleicht etwas vom Wichtigsten und Erfolgreichsten überhaupt.

Selbstmotivation und Sinnfindung

Wer andere positiv beeinflussen will, muß selber positiv eingestellt sein. Wer andere motivieren und begeistern will, muß selber motiviert und begeistert sein.

Emotional Personal Selling erfordert einen hohen Grad der Fähigkeit, sich selbst zu motivieren. Wer auf äußere Motivationsanreize angewiesen ist, findet bald heraus, daß diese für eine echte Motivation nicht genügen. Man kommt in eine gefährliche Spirale: Man braucht immer mehr und stärkere äußere Anreize. Es resultiert eine Eskalation und letztlich kommt es zum psychischen Kollaps. Alles erscheint sinnlos. Wozu das alles? Nicht zu Unrecht spricht man von Incentive-Geschädigten. Das sind Leute, die in Unternehmen arbeiten, in denen immer wieder eine überdurchschnittliche Leistung mit einem Extrabonus belohnt wird. Eine Reise zu zweit über ein verlängertes Wochenende in eine europäische Stadt. Wenn ganz Europa abgeklappert ist, geht es nach Südamerika usw. Und zum Schluß? Vielleicht auf den Mond? Ein Incentive-Geschädigter stellt fest, daß diese Überreizung letztlich sinnlos ist. All das platzt wie eine Seifenblase.

Äußere Anreize kann man selbstverständlich genießen. Aber man darf sich nicht von ihnen abhängig machen.

Echte Motivation kommt von innen heraus. Ein hochmotivierter Mensch schöpft alles aus seinem Inneren. Er ist unabhängig von äußeren Einflüssen. Kommen äußere, motivierende Einflüsse auf ihn zu, nimmt er sie dankbar entgegen, aber er kann auch ohne sie gut leben. Er versteht es, sich selbst zu motivieren.

Selbstmotivation ist Teil der Emotionalen Intelligenz.
Auch hier haben wir es nicht mit einer seltenen Gabe oder Veranlagung zu tun: Selbstmotivation kann man erlernen. Es braucht dazu gewisse Überlegungen rein rationaler Art. Und plötzlich nimmt man Dinge ganz anders wahr, empfindet anders, denkt anders und sieht eher das Positive.

Wie kommt das zustande? Was kann man da lernen? Welche Gedanken sind es, die diese positive Sicht der Dinge ermöglichen?

Die ersten Gedanken des Tages

Wer sich schon ärgert, wenn er noch im Bett liegt, daß er nun aufstehen muß, wo er doch lieber noch länger schlafen möchte, programmiert sich bereits negativ. Läßt man weitere negative Gedanken zu, die da kommen möchten, wie z. B. „Was wird heute wieder für ein mieser Tag? Was wird wohl heute alles schiefgehen?", ist man völlig frustriert, bevor man überhaupt aufgestanden ist. Der Tag beginnt negativ. Man ist „mit dem linken Bein aufgestanden". Es ist wie verhext, alles geht schief, nichts will gelingen. Die negativen Gedanken provozieren negative Erlebnisse.

Self-Management heißt: bewußt positive Gedanken denken und negative Gedanken erst einmal zurückweisen.
Viele stehen einfach auf, ohne viel zu denken, aufstehen muß man ja sowieso. Dann ist es aber wichtig, daß man bewußt einige erste positive Gedanken des Tages denkt, wie z. B.

- *Ich freue mich darüber, daß ich überhaupt aufstehen konnte. Das ist ja nicht selbstverständlich. Ich könnte ja auch krank oder infolge eines Unfalles verhindert sein. Gott sei Dank bin ich gesund.*

- *Worauf kann ich mich heute besonders freuen?*

So beginnt man den Tag positiv. Man programmiert sich positiv. Negative Gedanken schiebt man einstweilen zurück. Damit soll nicht gesagt sein, daß man alles Negative verdrängen, völlig ignorieren soll – auf diese Weise wird es eines Tages nur um so massiver über einen hereinbrechen. Aber durch eine positive Grundeinstellung sieht man Probleme oft in einem anderen Licht. Wenn man motiviert ist und den Tag mit Freude und Zuversicht beginnt, hat man mehr Kraft, negative Einflüsse zu bewältigen – und die kommen dann später immer noch früh genug!

Die Frage nach dem Sinn

Selbstmotivation hat mit Sinnfindung zu tun. Viele Menschen leiden unter Sinnlosigkeit. Wozu das alles? Wieso quäle ich mich? Was für einen Sinn hat das alles?

Die Fragen nach dem Sinn des Lebens sind für den motivierten Menschen beantwortet. Auch wenn er die Antworten manchmal in Zweifel zieht – bei schweren Krankheiten, bei Schicksalsschlägen oder größeren Niederlagen –, ist ihm klar, wer er ist und wohin er geht.

Auch wenn diese fundamentale Orientierung gegeben ist, sollte man sich täglich die folgenden Fragen stellen:

„Macht dieses tägliche Tun, das mir abverlangt wird, einen tieferen Sinn? Kann ich die Ziele, die man mir vorgibt, harmonisch einbauen in mein persönliches, privates Zielgebäude, in dem auch meine Lebensziele enthalten sind? Oder gibt es Zielkonflikte?"

Wenn man Mitarbeiter und Mitarbeiterinnen, die täglich mit Kunden umgehen, zu einer freundlichen Art des Umgangs im Sinne des Emotional Selling bringen will, kann das nicht einfach reglementiert werden: „Ihr habt in Zukunft mit den Kunden freundlich zu sein!"

Jeder muß lernen, in seiner täglichen Arbeit neben dem rein materialistischen noch einen zusätzlichen Sinn zu finden. „Ich arbeite, damit ich Geld verdiene und meine finanziellen Verpflichtungen erfüllen kann!" Und sonst? Ist das alles? Was für ein schrecklich eintöniges und sinnloses Leben!

Zwei Steinhauer arbeiten in großer Hitze in einem Steinbruch. Da kommt ein Wanderer des Weges und fragt den ersten: „Was machst Du da?"
Der antwortet böse: „Das siehst Du doch, ich klopfe Steine im Schweiße meines Angesichts!"
Der Wanderer wendet sich nun an den zweiten: „Und was tust Du hier?" Der legt seinen Hammer beiseite, blickt sinnend in die Ferne und antwortet: „Ich baue einen Dom!"

Im täglichen Umgang mit Kunden – sei es telefonisch, sei es im persönlichen Gespräch – sind immer rationale Ziele gegeben. Der Kunde hat ein Anliegen, eine Frage, einen Wunsch. Das soll alles – so schnell und effizient wie möglich – erfüllt werden.

Wir alle wissen, daß es unmöglich ist, die Anliegen und Wünsche der Kunden immer sofort zu befriedigen. Es entstehen immer wieder Verzögerungen, weil Informationen fehlen, Bezugspersonen momentan abwesend sind usw. Da entsteht leicht die Gefahr, daß der Kunde oder die Kundin unwillig wird, enttäuscht ist und vielleicht mit dem Gedanken spielt, den Lieferanten zu wechseln (obwohl es bei der Konkurrenz meistens auch nicht besser ist!).

Kann man Kunden motivieren und für sich gewinnen, auch wenn die gegebenen Umstände momentan eher negativ sind? Das ist jetzt genau das Thema. In allen Kundenkontakten sind rationale Ziele vorgegeben:

- Den Kunden zufriedenstellen
- Dem Kunden seine Fragen beantworten
- Dem Kunden helfen
  usw.

Im Sinne des Emotional Selling muß man sich bei jedem Kunden zusätzlich emotionale Ziele setzen. Diese Ziele können z. B. so aussehen:

- Ich bewerbe mich echt und ehrlich um seine Gunst.
- Ich versuche, ihn zu mögen.
- Ich will eine angenehme Gesprächsatmosphäre schaffen.
- Ich will mich „gut verkaufen" und sympathisch erscheinen.
- Ich versuche, mich ihm unvergeßlich zu machen (positiv!).

Die Erfahrung zeigt, daß mit zusätzlichen, mehr emotionalen Zielen die Kundenbeziehung ganz entscheidend verbessert werden kann, auch wenn nicht immer alle Wünsche des Kunden sofort erfüllt werden können. Der Kunde wird geduldiger, toleranter und bekommt mehr Verständnis dafür, daß er nicht immer sofort das bekommt, was er wünscht.

Er bekommt dafür etwas ganz anderes:

- Zuwendung
- Persönliches Verständnis, Akzeptanz und Anteilnahme
- Positive Gefühle: Wärme und Wertschätzung
- Anerkennung seiner Ungeduld und Enttäuschung

Wenn es gelingt, allen Mitarbeitern und Mitarbeiterinnen eines Unternehmens klarzumachen, daß diese mehr emotionalen Ziele fast noch wichtiger sind als die rationalen, dann sind optimaler Kundenservice, emotionale Kundenbindung und damit die besten langfristigen Erfolgschancen gegeben.

Entscheidend ist, daß jeder Mitarbeiter und jede Mitarbeiterin erkennt, daß er das alles vorwiegend für sich selbst tut. Je mehr Charme, positive Einstellung, Zuwendung, Wärme und Wertschätzung man den Menschen gibt, desto mehr bekommt man – meistens unmittelbar – auch zurück. Der Arbeitstag wird anders. Anstelle einer lästigen Pflichterfüllung (jeder anrufende Kunde ist ein Störenfried) wird der Tag zum Happening.

„Was wird mich denn heute wieder alles besonders erfreuen?"

Wer das erkannt hat, kommt abends anders nach Hause. Oft ist man nach einem langen Arbeitstag erschöpft. Aber es ist ein großer Unterschied, ob man frustriert oder glücklich erschöpft nach Hause kommt!

Viktor Frankl, der Wiener Therapeut und Psychologe, hat eine weltberühmte Therapie geschaffen: die Logotherapie. Frankl versucht, auch den negativen Erfahrungen im Leben etwas Positives abzugewinnen. Er hat lange Jahre in Konzentrationslagern verbracht und als einziger seiner Familie überlebt, alle seine Verwandten sind umgekommen. Darüber hat er ein Buch geschrieben, worin er seine Thesen bekanntgibt. Das Fazit: Das Einzige, was ihn am

Leben erhalten hat, war der Gedanke an das, was er tun wird, wenn er aus dem KZ herauskommt.

Sinnfindung ist ein Heraustreten aus sich selbst, im Dienst an einer Sache, an einer Aufgabe. Nicht nur im großen seines Lebens, sondern im Hier und Jetzt, in der konkreten Situation, die ihn konfrontiert. Es gibt nichts in der Welt, das so sehr imstande wäre, einem Menschen über äußere Beschwerden oder innere Schwierigkeiten hinwegzuhelfen, wie das Wissen um einen ganz bestimmten Sinn.

(Viktor Frankl)

Der persönliche Fanclub

Jeder muß sich einen großen Fanclub schaffen. Fans sind Menschen, die einen mögen und oft sogar verehren. Jeder Popsänger hat seinen Fanclub. Je größer dieser Fanclub ist, desto größer ist sein Erfolg. Oder umgekehrt: Je größer sein Erfolg, desto größer sein Fanclub!

Was hat das mit dem Emotional Selling im Geschäftsleben zu tun?

Wenn die Mitarbeiter und Mitarbeiterinnen eines Unternehmens – ob im Innen- oder Außendienst, in der Buchhaltung oder in der Spedition – erkennen, daß es für sie persönlich ganz entscheidend ist, einen möglichst großen Fanclub zu haben, dann ist der wirkliche Durchbruch zum Emotional Selling gegeben.

Mit den vorher geschilderten, eher emotionalen Zielsetzungen ergeben sich angenehmere, menschlich bedeutungsvolle Kontakte. Jedesmal, wenn mit einem Kunden telefoniert oder persönlich gesprochen wird, ergibt sich die Chance, daß er „Mitglied des Fanclubs" wird. Was heißt das?

Man geht ganz anders durchs Leben, man lebt glücklicher, wenn einen viele Menschen gern haben. Je mehr Menschen einen mögen, desto besser und sicherer fühlt man sich. Es ergibt sich ein Vertrauensgefühl. Es kann einem nichts mehr passieren. Man fühlt sich getragen von vielen Menschen. Das gibt einem Selbstsicherheit.

Wenn man einmal hingeht und nachzählt, wie viele Menschen einen wirklich mögen, geschäftlich und privat, und man kommt auf eine ansehnliche Zahl, fühlt man sich unvergleichlich stark. Dann macht es einem auch nicht mehr soviel aus, wenn man einmal mit einem Menschen Probleme hat und mit ihm nicht gut kann (Ausnahmen soll es ja bekanntlich geben!). Dieses Bewußtsein: „Mich mögen gewaltig viele Menschen!" ist etwas, was wiederum das eigene Lebensglück positiv beeinflußt.

Diese Erkenntnis führt dazu, daß Kundenkontakte anders verlaufen als bisher. Man bemüht sich ganz anders um die Gunst eines jeden Kunden, einer jeden Kundin. Es entsteht diese so wichtige herzliche Freundlichkeit, die eine emotionale Kundenbindung ermöglicht. Der Kunde und die Kundin kommen immer wieder, weil sie sich – oft ganz unbewußt – von einer Bezugsperson, die ihnen äußerst sympathisch ist, wie magnetisch angezogen fühlen.

Nur so läßt sich eine langfristige emotionale Kundenbindung herstellen.

Der Moment der Begegnung

**You never get a second chance
to make a first impression.**

Die Amerikaner sagen richtig: „Du bekommst nie eine zweite Chance, einen ersten Eindruck zu machen!"

Wenn sich zwei Menschen begegnen, entscheiden die ersten paar Sekunden, wie das darauffolgende Gespräch abläuft. Eine Weiche wird gestellt. Wird die Weiche auf die falsche Seite gestellt, läuft alles falsch. Oder zumindest wird alles schwieriger.

Wie verhält man sich, wenn man einem Menschen begegnet? Was soll der Verkäufer oder die Verkäuferin tun, wenn ein Kunde oder eine Kundin in den Laden hereinkommt? Wie kann man die Weiche in den ersten Sekunden einer Begegnung auf positiv stellen?

Das folgende Vorgehen, das vom Autor seit mehreren Jahren in unzähligen Verkaufsseminaren und Vorträgen empfohlen wurde, hat sich außerordentlich gut bewährt:

Wenn man einem Menschen begegnet, läßt man sich völlig in diesen Augenblick der Begegnung fallen. Man denkt nicht, was sein wird, nicht, was gewesen ist. Man stellt alle Gedanken für drei Sekunden lang ab.

Dann wendet man sich ganz diesem Menschen zu. Man gibt ihm volle Zuwendung für drei Sekunden. Das genügt, um ihn unbewußt zufriedenzustellen. Er hat nämlich mit großer Wahrscheinlichkeit ein Zuwendungsmanko.

Als drittes interessiert man sich für den Kunden als Menschen: „Was für eine Welt steht hinter dir? Was

bist du für ein Mensch?" Dieses Interesse, eventuell sogar mit Neugierde verbunden, spricht den Kunden sehr an.

So vorzugehen, muß man sich mit Disziplin anerziehen. Am Anfang fällt es eher schwer, sich aus allen Gedankengängen herauszunehmen, abzustellen, womit man gerade beschäftigt ist, wenn ein Kunde auf einen zukommt oder einen anruft.

Es lohnt sich jedoch, dies zu tun. Schon bald stellt man fest, daß die Kunden und Kundinnen sehr positiv auf diese Ansprache reagieren. Sie sind es sich gar nicht gewohnt. Normalerweise müssen sie dafür kämpfen, daß man sie überhaupt wahrnimmt, zur Kenntnis nimmt und ernst nimmt.

These:
Das Bedürfnis nach Zuwendung ist bei den meisten Menschen unbefriedigt.
Begründung:
Jeder ist vorwiegend mit sich selbst beschäftigt.

Wir können davon ausgehen, daß heute fast jeder Mensch ein Zuwendungsmanko hat. Bekommt er nun von einem anderen Menschen in den ersten Sekunden der Begegnung volle Zuwendung, ist er positiv überrascht und fühlt sich gut.

Abraham Maslow hat die Bedürfnisse der Menschen studiert und in fünf Hierarchien eingeteilt (siehe umstehende Grafik). Maslow hat Zuwendung als soziales Bedürfnis gesehen. Da hat er sich geirrt. Zuwendung ist ein existentielles Bedürfnis.

Bedürfnispyramide nach Abraham Maslow

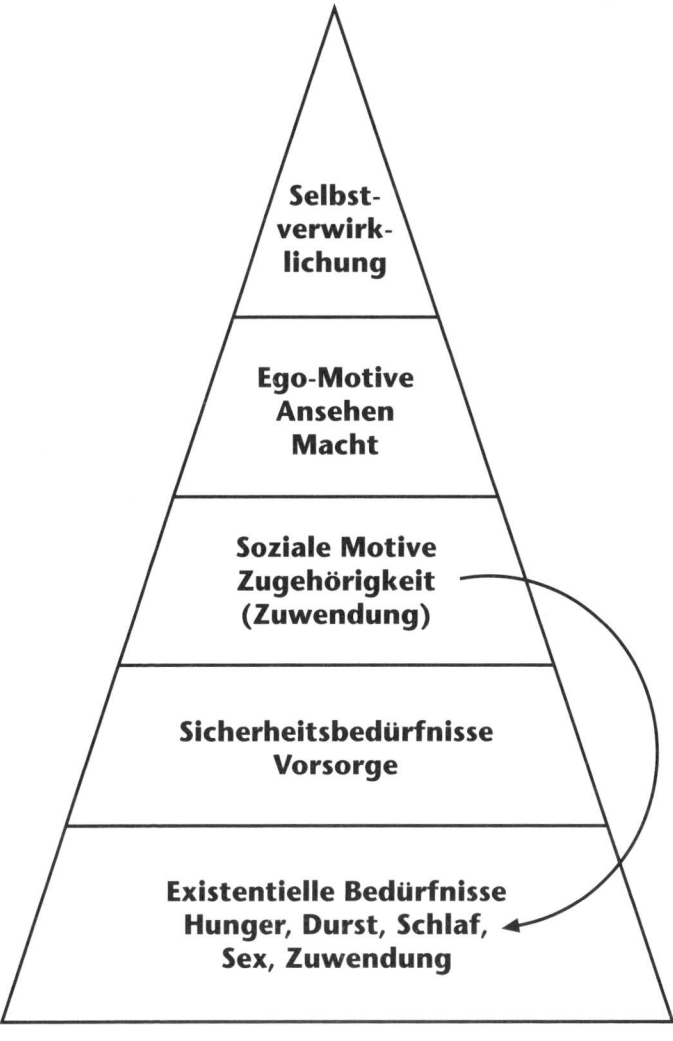

Selbst-
verwirk-
lichung

Ego-Motive
Ansehen
Macht

Soziale Motive
Zugehörigkeit
(Zuwendung)

Sicherheitsbedürfnisse
Vorsorge

Existentielle Bedürfnisse
Hunger, Durst, Schlaf,
Sex, Zuwendung

Ein neugeborenes Baby, das keine Zuwendung erhält, wird krank und stirbt nach drei Monaten. Es kann nicht leben ohne Zuwendung. Das weiß man noch nicht sehr lange. Wenn das kleine Kind in späteren Jahren keine Zuwendung erhält, wird es zwar nicht mehr sterben, aber man riskiert, daß es bleibende psychische Schäden bekommt. Man weiß aus der Psychoanalyse, daß Menschen, die in ihrer Kindheit unter Zuwendungsentzug leiden mußten, in dieser Zeit mitunter absichtlich Untaten begangen haben, um zumindest die Strafe als eine andere Form von Zuwendung zu erleben. Wenn die Strafe dann auch noch ausblieb, war es ganz schlimm. Negative Zuwendung ist noch das kleinere Übel als gar keine Zuwendung. (Vielleicht ist das ein Grund dafür, daß die antiautoritäre Erziehung nicht wirklich funktioniert. Denn Straflosigkeit kann von den Heranwachsenden oft auch als Vernachlässigung empfunden werden.)

Das Geheimnis der emotionalen Kundenbindung liegt vor allem im Moment der Begegnung. Jemand, der von einem anderen Menschen sofort wahrgenommen wird und von ihm nach der hier beschriebenen Weise volle Zuwendung bekommen hat, wird unbewußt immer wieder nach diesem Erlebnis suchen. So wird er immer wieder zu dieser Person zurückkehren, um von ihr diese überdurchschnittlich große Dosis an Zuwendung zu erhalten.

Auch wenn der Laden voll ist und zusätzlich jemand hereinkommt, findet der beschäftigte Verkäufer oder die Verkäuferin immer drei Sekunden lang Zeit, um die neu eingetretene Person zu begrüßen und ihr diese starke Zuwendung zu geben. Resultat: Die Person fühlt sich gut, obwohl sie weiß, daß sie warten muß, bis sie bedient wird.

Der Autor hat aufgrund von jahrelangen Erfahrungen mit Seminarteilnehmern immer wieder beweisen können, daß diese Art, Menschen zu begegnen, zur dauerhaften Kundenbindung führt. Wir alle wollen sofort wahrgenommen, begrüßt und ernstgenommen werden. Geschieht das nicht, sind wir frustriert.

Bei der Begrüßung muß Blickkontakt hergestellt werden. Das klingt sehr banal, ist aber noch lange nicht allen Verkäufern und Verkäuferinnen bekannt. Wenn man jemanden bei der Begrüßung nicht anschaut, sagt ihm sein Unbewußtes: „Ich bin völlig unwichtig, ich existiere für diese Person gar nicht!" Eine unbewußte Frustration ist die Folge. Muß man den Augenkontakt im Laufe des Gespräches einmal unterbrechen, spielt das überhaupt keine Rolle, falls man ihn bei der Begrüßung gegeben hat. Augenkontakt im Moment der Begegnung signalisiert der Person Wichtigkeit.

Der wichtigste Augenblick ist immer die Gegenwart. Der bedeutendste Mensch ist immer der, der dir gerade gegenübersteht. (Meister Eckhart)

Fehlende Zuwendung wird als sehr unangenehm empfunden. Da können das Gebäude, die Inneneinrichtung und die ausgestellten Produkte noch so imposant sein, wenn niemand reagiert, wenn man hereinkommt, ist man frustriert. Wenn sich alle Anwesenden „sehr beschäftigt" verhalten und einen beim Eintreten nicht wahrnehmen, fühlt man sich als unwillkommener Störenfried und verspürt den Drang, sofort wieder wegzugehen.

Auch wenn ein noch so kompetentes Beratungsgespräch stattfindet, muß unbedingt Zuwendung gegeben werden, sonst bleibt das Beratungsgespräch wirkungslos und der Kunde kauft bei der Konkurrenz, dort, wo er Zuwendung bekommt.

**Fehlende Zuwendung wird
bereits als zurückweisende
Haltung und als Ignoration
empfunden.
Eine rein sachliche Haltung ist
zwar nicht direkt verletzend,
aber sehr unangenehm.
Fehlende Zuwendung ist
bereits eine Strafe.
Man bestraft den anderen
durch Ignoranz.**

Es ist eine der härtesten Strafen für den Menschen, von anderen ignoriert zu werden. Wer schon die Erfahrung machen mußte, von anderen Menschen durch Absprache ignoriert zu werden, weiß, wie schlimm das ist. Mobbing hat meistens auch sehr viel mit Ignoranz zu tun, und damit können Menschen unter einen großen und schmerzvollen Druck geraten.

Zuwendung ist eine andere Form von Liebe. Liebe ist die größte Kraft der Welt. Wir sehen, was Zuwendung wirklich ist. Zuwendung ist etwas, wonach wir uns alle sehnen und wovon wir nie genug haben können.

> **Er vermittelt in Blitzesschnelle das Gefühl einer langen Bekanntschaft, auch wenn man ihm gerade zum erstenmal gegenübertritt. In Sekunden vermag er seine Augen erstrahlen zu lassen, er blickt dich so an, daß du einfach glauben mußt, im Augenblick der wichtigste Mensch auf der Welt zu sein.**
>
> (Peter Bachér)

Peter Bachér, der frühere Herausgeber von „Hör zu" und bekannter Kolumnist der „Welt am Sonntag", schildert hier seine Begegnung mit einem hohen Politiker. Die Begegnung fand am späten Nachmittag statt, als dieser Politiker bereits einen sehr anstrengenden Tag hinter sich hatte.

So, wie sich Peter Bachér da gefühlt hat, fühlt sich auch der Kunde oder die Kundin, wenn er im Moment der Begegnung dieses hohe Maß an Zuwendung empfängt.

Wer es sich zur Regel macht, bei jeder Begegnung mit Menschen, ohne Unterschiede zu machen, konsequent diese drei Sekunden lange volle Zuwendung zu geben, wird bald erfahren, wie sein Sympathiewert steigt und die Menschen sich wohl fühlen. Dies wird für seine Erfolge im Sinne des Emotional Selling von großer Bedeutung sein.

Körpersprachsignale der Zuwendung

Nach der neusten Kommunikationsforschung sind die Körpersprachsignale zu 90% und die inhaltlichen Aussagen nur zu 10% wichtig, wenn man andere Menschen überzeugen und gute Gefühle vermitteln und aufbauen will.

Demzufolge ist es ganz wichtig, daß man bewußt die Signale sendet, die von anderen Menschen als Zuwendung, Interesse und Wertschätzung empfunden werden.

Während man mit jemandem redet, sind folgende Körpersprachsignale wichtig:

Augenkontakt
Während die andere Person redet, muß unbedingt der Augenkontakt gehalten werden. Man schaut die Person locker, wohlwollend in die Zone der Augen, ohne sie zu fixieren. Es gibt zwei Ausnahmen von dieser Regel, in denen ein Kunde, der diese volle Aufmerksamkeit bekommt, ohne weiteres akzeptiert, daß der Augenkontakt kurzzeitig unterbrochen wird: wenn man sich Notizen macht oder ein weiterer Kunde das Verkaufslokal betritt.

Leichtes Nicken mit dem Kopf
Man soll seinen Kopf ganz leicht mit einem aufmunternden Nicken bewegen. Dieses Nicken signalisiert: „Ich bin ganz da, ich höre aufmerksam zu!"

---

*Beim Telefonieren fallen die nonverbalen Körpersprach-
signale weg.* Nimmt man demzufolge am Telefon körpersprachlich gar keinen Einfluß?

Ganz im Gegenteil: Der Einfluß ist wahrscheinlich noch
größer. Und zwar ist das deshalb so, weil die *Stimme* die
gesamte Wirkung der Körpersprache übernimmt und man
in eine Stimme leicht etwas hineininterpretieren kann, das
gar nicht unbedingt so ist. Es ist ungeheuerlich, was man
alles aus einer Stimme heraushören kann. Wer Erfahrung
mit blinden Menschen hat, weiß, wie treffsicher ein Blin-
der nach wenigen Worten sagen kann, wie man sich fühlt.
Blinde können sich dermaßen stark auf eine Stimme konzentrieren, daß sie sofort den Menschen und dessen Befindlichkeit einschätzen können.

Wie kann man einen Menschen am Telefon positiv beeinflussen?

Ist es möglich, in gleicher Weise wie in einem Face-to-face-
Gespräch positiv auf den anderen einzuwirken?

Die folgenden zwei Regeln ermöglichen eine meist uner-
wartet positive Einflußnahme, wenn man sie beim Telefonieren einhält:

Beim Telefonieren soll man sich immer ein Gesicht vorstellen. Man kann nicht richtig reden mit einem Menschen ohne Gesicht.

Zudem soll man sich vorstellen, daß man die Person, mit der man gerade telefoniert, schon längere Zeit kennt, auch wenn das gar nicht der Fall ist.

Sich ein Gesicht vorzustellen, wenn man die Person noch nicht kennt, hat natürlich zur Folge, daß die Person mit Sicherheit ganz anders aussieht, als man sie sich vorgestellt hat, sollte man ihr später einmal persönlich begegnen. Das ist oft eine Überraschung. Es spielt jedoch für das Telefongespräch überhaupt keine Rolle.

Sich vorzustellen, man kenne die Person schon länger, auch wenn man sie noch gar nicht kennt, klingt vielleicht etwas merkwürdig. Man muß es jedoch nur einmal ausprobieren, und dann stellt man schnell fest, daß sich das sehr positiv auswirkt. Es ist wirklich erstaunlich, wie diese Vorstellung, die eigentlich sehr nahe an ein „sich etwas vortäuschen" herankommt, ein Telefongespräch positiv beeinflußt. Die eigene Stimme bekommt offenbar einen viel angenehmeren Tenor, man redet freier und ungezwungener, und oft ist es so, als hätte die Person am anderen Ende des Drahtes auch das Gefühl, daß man sich bereits persönlich kennt. Unglaublich! Dieses Phänomen kann wissenschaftlich noch nicht erklärt werden. Daß es funktioniert, ist jedoch eine Tatsache. Der Autor und seine Kursteilnehmer, die das anwenden, erleben es immer wieder.

Persönliche Gefühlsappelle im Emotional Personal Selling

Emotional Selling ist ein ganzes Paket von Vorgehens- und Verhaltensweisen. Die eigene Einstellung ist bedeutend, aber auch die Art und Weise, wie man sich ausdrückt.

Eine saubere, logisch aufgebaute, nutzenbetonte und kundenorientierte Argumentation ist notwendig, um zu überzeugen. Es ist klar, daß die positiven Eigenschaften und Vorteile eines Produktes oder einer Dienstleistung durch den Verkäufer oder die Verkäuferin überzeugend vorgetragen werden müssen. Die entsprechende Schulung des Verkaufspersonals ist Sache des Lieferanten oder Herstellers.

Die emotionalen Elemente in einer Argumentation sind jedoch oft wichtiger. Es ist entscheidend, *wie* die Argumente vorgetragen werden. Fehlt die innere Begeisterung, können auch die besten Argumente nicht überzeugen.

Kunden im Gespräch emotional positiv anzusprechen, ist eine Kunst. Diese Kunst ist erlernbar. Einerseits kann man seine eigene Einstellung positiv beeinflussen, andererseits können in einer rationalen Argumentation auch eigene Gefühle ausgesprochen werden.

Wenn ein Verkäufer z. B. sagt: „Das begeistert mich am meisten an diesem Produkt!", identifiziert er sich emotional mit dem Produkt. Sagt ein Gastwirt: „Ich freue mich besonders, Ihnen heute dieses spezielle Gericht anzubieten!", wird der Gast mit großer Wahrscheinlichkeit dieses Gericht bestellen.

Sind die Emotionen der Kunden und Kundinnen neutral, hat man ein weites Feld von Möglichkeiten, positive Emotionen zu erzeugen. Ist jemand jedoch emotional negativ gesteuert, wird es enger. Wer verärgert, enttäuscht oder sogar wütend und zornig ist, kann nur schwer positiv beeinflußt werden. Bei Reklamationen wird man oft mit diesem psychischen Zustand konfrontiert.

Reklamationen sind mit schlechten Gefühlen verbunden

Je nach Typus ist ein reklamierender Kunde mehr oder weniger emotional gesteuert. Er haßt die Firma, die ihn enttäuscht hat, mehr oder weniger.

Haß ist aber eine Umkehrform von Liebe. Liebe und Haß sind sehr miteinander verwandt. Haßliebe ist eine Kombination von beidem, die sehr oft vorkommt. Liebe kann sich leicht in Haß, Haß leicht in Liebe verwandeln.

Was heißt das für uns? Wie kann diese Erkenntnis im Emotional Selling angewendet werden?

Ein verärgerter Kunde kann in kurzer Zeit beruhigt, beschwichtigt und zufriedengestellt werden. Wie geht das? Ist es überhaupt möglich, einen Kunden oder eine Kundin sogleich zu beruhigen und zu beschwichtigen, auch wenn etwas Unangenehmes vorgefallen ist?

Im Beschwerdemanagement unterscheidet man zwischen den Tatsachen und den Gefühlen. Die Tatsachen sind unumstößlich. Eine Lieferfrist ist überschritten worden. Es wurde eine falsche Ware geliefert. Das gelieferte Produkt war fehlerhaft. Eine installierte Maschine hatte mehrere Pannen usw. Das sind unschöne Dinge, die alle Kunden verärgern.

Aber so etwas läßt sich einfach nicht verhindern. Auch wenn noch so zuverlässig und präzise gearbeitet wird, kommen immer wieder Fehler vor. Es gibt keine fehlerfreien Menschen, also werden auch immer wieder Fehler passieren.

Die Erfahrung zeigt, daß nicht die Fehler selbst das große Problem sind. Man findet ja immer eine Lösung, um den Kunden oder die Kundin zufriedenzustellen. Heutzutage darf man auch mit einem gewissen Verständnis für vorkommende Fehler rechnen. Dieses Verständnis und die Toleranz gegenüber Fehlleistungen ist bei den Menschen jedoch sehr unterschiedlich. Die Schwierigen reklamieren sofort und machen einen Heidenlärm. Die Toleranten melden sich zuvorkommend und zeigen Verständnis, erwarten aber auch eine Zufriedenstellung. Ganz schlimm ist es, wenn ein Kunde oder eine Kundin gar nicht reklamiert und zähneknirschend einfach den Lieferanten wechselt. Das kommt sehr oft vor. Man hat dann meist keine Ahnung, warum solche Kunden plötzlich wegbleiben. Eigentlich sollte man dankbar sein, wenn jemand reklamiert. Das gibt einem die Chance, Dinge in Ordnung zu bringen und den Kunden zu behalten. Im Sinne der langfristigen Kudenbindung sollte man seine Kundschaft darauf aufmerksam machen, daß Reklamationen erwünscht sind.

In jeder Reklamation stecken Chancen, die oft zu weiteren Aufträgen führen.

Der Umgang mit Kundenreklamationen ist eine besonders wichtige Dienstleistung und gleichzeitig eine Chance für das Unternehmen, einen unzufriedenen Kunden in eine aktive Vollreferenz umzuwandeln. Die Behandlung von Reklamationen ist nicht nur ein Teil der Dienstleistung, sondern auch ein wesentliches Element der Unternehmenskultur.
Falsche Äußerungen im Reklamationsfall können verheerende Folgen haben. Wenn z. B. ein neuer Ölbrenner viermal nacheinander ausfällt und der Monteur beim vierten

Mal zum Kunden sagt: „Sehen Sie, bei den Ölbrennern ist es so wie bei den Autos, Sie können Glück haben, Sie können aber auch Pech haben!", dann ist mit schlimmen Folgen zu rechnen. Dieses Beispiel ist übrigens authentisch. Der Monteur machte diese Äußerung nicht aus bösem Willen heraus. Er meinte es gut und im Grunde genommen hat er auch recht: Man kann tatsächlich Glück oder eben auch Pech haben. Nur war das ein äußerst ungünstiger Moment für eine solche Äußerung.

Was hört man denn sonst noch so bei Reklamationen? Hier sind einige typische Äußerungen festgehalten, alle aus der Praxis und alle in jüngster Vergangenheit gehört:

- So etwas kommt bei uns immer wieder vor.
- Sie haben noch Glück, wir hatten schon viel schlimmere Fälle.
- Das haben wir noch nie gehabt, was haben Sie denn da gemacht?
- So etwas höre ich zum ersten Mal.
- Da kann ich doch nichts dafür.
- Sie sind nicht der einzige.

Solche Äußerungen im Reklamationsfall können dazu führen, daß eine Kunden-Lieferanten-Beziehung auf Lebzeiten gekündigt wird.

Was für Äußerungen würden sich im Reklamationsfalle denn besser eignen? Wie können die schlechten Gefühle eines anderen Menschen in kurzer Zeit eliminiert werden? *Jemand, der eine Reklamation entgegennimmt, hat auch selbst schlechte Gefühle.* Das ist so, wenn die Person „committed" ist. Commitment ist eine sehr intensive Form des persönlichen Engagements, wenn man in einem Unternehmen arbeitet. Man identifiziert sich mit den Unternehmenszielsetzungen, und vor allem wenn etwas schief gelaufen ist, fühlt man sich schlecht. Wer das nicht so erlebt, gehört nicht mehr in das heutige Zeitalter des Geschäftslebens. Jemand, dem es schlicht egal ist, wenn Dinge schieflaufen und Kunden verärgert sind, soll sich einen anderen Job suchen, wo er nicht mit Menschen zu tun hat!

Es ist eine Voraussetzung, daß man sich identifiziert: mit dem Unternehmen und mit den Kunden und Kundinnen. Da gehören schlechte Gefühle automatisch dazu. Die entstehen ganz von selbst, wenn ein Fehler passiert ist. Es ist also nur natürlich, daß man solche schlechte Gefühle situativ und momentan akzeptiert, sie zeigt und auch noch ausspricht.

Eigene Gefühle anzunehmen, ist ebenfalls Teil der emotionalen Intelligenz. Wie fühle ich mich eigentlich jetzt? Die Person, mit der ich gerade rede, hat mich eben beleidigt. Na, wie fühle ich mich jetzt? Ich fühle mich schlecht! Jawohl!

Dazu muß man stehen. Wer das verdrängt, begibt sich auf einen sehr gefährlichen Weg. Er will nicht wahrhaben, was in ihm vorgeht. Er macht sich etwas vor. Er belügt sich selbst. Seine eigenen Gefühle zu verdrängen ist gefährlich. Das kann zu psychischen Störungen führen, im besten Fall zu einer inneren Frustration. So jemand kann niemals aktiv Emotional Selling betreiben.

Es ist gesund und lebenswichtig, schlechte Gefühle auszusprechen. Wer schlechte Gefühle längere Zeit mit sich herumträgt, lebt unglücklich. Er ist innerlich geplagt mit all den unverarbeiteten, schlechten Gefühlen. Viel besser ist es, solche schlechten Gefühle unmittelbar auszusprechen. Das schafft Erleichterung und Befreiung. In der Gesprächstherapie wird genau das angewendet. Der Therapeut bringt den Patienten zum Reden und erhält ihn am Reden. Der Therapeut ist nichts anderes als ein bezahlter Zuhörer. Er selbst darf gar nicht viel sagen, viel wichtiger ist, daß der

Patient redet. Der Patient spricht sich aus, und dabei spricht er auch seine schlechten Gefühle aus. In der Fachsprache nennt man das: *Verbalisieren von Emotionen.* Damit wird ein Heilungseffekt erzielt. Schlechte Gefühle bauen sich ab, jedesmal, wenn man sie laut ausspricht. Hat der Patient während der Gesprächsstunde genügend oft seine schlechten Gefühle verbalisiert, fühlt er sich anschließend besser.

Das ist die eine Seite. Die andere ist, daß die Person, der man seine schlechten Gefühle nennt, positiv reagiert. Sie empfindet diese schlechten Gefühle als Appell an die Hilfsbereitschaft, zur Toleranz und Verzeihung. Bei einem erklärten Feind funktioniert das allerdings nicht. Ein Feind würde solche Äußerungen als willkommene Zeichen von Schwäche gegen die Person verwenden.

Eigene, schlechte Gefühle auszusprechen ist also gleichzeitig ein gutes Mittel, um herauszufinden, ob die Person, mit der man spricht, Freund oder Feind ist. Ist sie ein Feind, will man sie weder als Kunden noch als Partner. Ist die Person grundlegend kooperativ und partnerschaftlich eingestellt – obwohl sie vielleicht momentan sehr verärgert ist – wird sie mit Sicherheit positiv reagieren.

Sogar in ganz schwierigen Situationen, wenn eine Diskussion zu entgleisen droht, kann man sie mit emotionalen Ich-Aussagen wieder auf eine Ebene bringen, auf der es möglich ist weiterzumachen. Es gibt eine dialektische Grundregel der alten Griechen, die lautet: „Wenn Du persönlich beleidigt wirst, verlasse den Raum!" Bevor man den Raum verläßt, kann man es mit Ich-Aussagen versuchen, z. B. „Was Sie da eben gesagt haben, tut mir weh. Ich fühle mich schlecht. Das belastet mich." Wetten, daß der Gesprächspartner etwas ähnliches sagt wie: „So habe ich das nicht gemeint!", und man kann in einer konstruktiven Atmosphäre weiterfahren. Mit emotionalen Ich-Aussagen konnten schon viele schwierige Verhandlungen, die in einer Sackgasse steckten, wieder in Gang gesetzt und zu einem befriedigenden Ende gebracht werden.

In der Reklamationssituation eignen sich emotionale Ich-Aussagen besonders gut. Wenn ein Kunde schimpft und tobt, man ihn ausreden läßt und schließlich sagt: „Das tut mir wirklich sehr leid. Ich nehme das auch sehr ernst. Ich fühle mich persönlich betroffen", wird er sich mit großer Wahrscheinlichkeit beruhigen, und man kann ihm einen Vorschlag machen, wie er zufriedengestellt wird.

Im nachfolgenden Kapitel „Negative Ich-Aussagen als Appell" sind einige typische emotionale Ich-Aussagen aufgeführt, die sich in der Reklamationssituation, aber auch in anderen schwierigen Gesprächssituationen in hervorragender Weise dazu eignen, eine schlechte Gesprächsatmosphäre wieder zu verbessern.

Negative Ich-Aussagen als Appell

Die folgenden emotionalen Ich-Aussagen eignen sich bei einer angespannten Atmosphäre, wenn die GesprächspartnerInnen schlechte Gefühle haben. Diese Aussagen sind Appelle an die Hilfsbereitschaft und haben eine entwaffnende, beschwichtigende Wirkung.

– Das tut mir sehr leid …
– Ich nehme das sehr ernst …
– Das ist mir sehr unangenehm …
– Ich bedaure wirklich …
– Ich fühle mich persönlich betroffen …
– Ich bin erschüttert …
– Es liegt mir viel daran …
– Das beschäftigt mich …
– Das macht mir zu schaffen …

- Das belastet mich ...
- Das beunruhigt mich ...
- Das verunsichert mich ...
- Das gibt mir zu denken ...
- Das macht mich traurig ...
- Ich bin entsetzt ...
- Ich bin verzweifelt ...
- Ich mache mir große Sorgen ...
- Das tut mir weh ...
- Das ärgert mich ...
- Das trifft mich sehr ...
- Ich bin bewegt ...
- Das beängstigt mich ...
- Ich bin unsicher ...
- Ich bin im Zweifel ...
- Ich bin nicht glücklich mit ...
- Ich habe ein schlechtes Gefühl ...

Auch positive Gefühle können und sollen ausgesprochen werden. Wenn man sich gut fühlt oder wenn man sich in einem Gespräch wieder besser fühlt als vorher, kann und soll man das aussprechen. Gute Gefühle verstärken sich, wenn man sie verbalisiert.

Jetzt haben wir eine weitere Möglichkeit der Selbstmotivation gefunden. Wer seinen Gefühlshaushalt positiv beeinflussen will, braucht dazu andere Menschen, die ihm – wenn nötig – zuhören und denen gegenüber er sich aussprechen und vor allem seine eigenen Gefühle verbalisieren kann. Im Sinne der *sozialen Kompetenz* ist es zu empfehlen, daß sich jeder ein Beziehungsnetz von Personen schafft, die ihm zur Verfügung stehen, wenn er ein Stimmungstief hat. Es genügen fünf bis sechs Personen, mit denen man eine Absprache trifft. Jeder steht den anderen jederzeit für ein Zehn-Minuten-Telefongespräch zur Verfügung. Einer von fünf ist immer zu erreichen. Was ist leichter, als eine dieser Personen anzurufen? Diese Person soll allerdings nicht viel sagen, sondern nur zuhören. Wie beim „Aktiven Zuhören" im nachfolgenden Kapitel beschrieben wurde, sind Ratschläge und ein Sich-einbringen verpönt. Die Person hört einfach zu, und derjenige, der sie anruft, schüttet ihr sein Herz aus. Dabei spricht er laufend seine schlechten Gefühle aus: „Ich fühle mich schlecht, ich bin enttäuscht, das belastet mich" usw. Mit jeder Garantie fühlt sich der Betreffende nach zehn Minuten wieder wesentlich besser. Der Autor weiß von vielen seiner Seminarteilnehmer, daß sie sich ein solches Beziehungsnetz geschaffen haben und daß ihnen das gegenseitig sehr hilft. Die psychologische Erklärung dieses Phänomens ist einfach: Nachdem man zehn Minuten lang laufend seine Gefühle ausgesprochen hat, ist folgendes passiert: Die negativen Gefühle haben sich abgebaut und die positiven haben sich verstärkt. Am Schluß der Aussprache ist die eigene Gefühlsbilanz eine andere geworden. Man fühlt sich erleichtert, entlastet und hat wieder mehr Mut, Zuversicht und Selbstvertrauen gewonnen. Das ist Hilfe zur Selbsthilfe!

Positive Gefühle als Ich-Aussagen

In einem Gespräch können durchaus die folgenden positiven Gefühle ausgesprochen werden:

– Ich bin erleichtert …
– Ich habe jetzt ein besseres Gefühl …
– Ich bin wirklich froh darüber …
– Ich bin glücklich über …
– Ich freue mich ganz besonders über …
– Ich bin fest davon überzeugt, daß …
– Ich kann mir gut denken …

59

- Ich kann mir sehr gut vorstellen ...
- Ich bin sicher, daß ...
- Ich bin besonders zufrieden mit ...
- Ich bin erwartungsvoll ...
- Ich bin zuversichtlich ...
- Es liegt mir viel daran ...
- Ich lege großen Wert auf ...
- Ich habe ein gutes Gefühl ...
- Ich bin begeistert von ...
- Es fasziniert mich, daß ...
- Ich bin beruhigt über ...
- Ich bin gerührt ...
- Ich bin überwältigt ...

Bei Ich-Aussagen ist Ehrlichkeit Bedingung

Jeder Mensch sendet Körpersprachsignale aus, wenn er redet. Diese Körpersprachsignale sind hauptsächlich im Gesicht zu sehen. Die Muskeln um die Augen und um den Mund herum verändern sich laufend. Man spricht von bis zu 5.000 verschiedenen Einstellungen. Solche Signale lassen sich nicht kontrollieren oder beherrschen. Sie werden unbewußt ausgesendet.

Jeder Mensch ist in der Lage, die Körpersprachsignale anderer Menschen wahrzunehmen und unbewußt zu interpretieren. Alle diese Körpersprachsignale werden laufend wahrgenommen und mit den Inhalten des Gesprächs verglichen. Jeder kann sofort die leiseste Inkongruenz (Abweichung zwischen Signal und Inhalt) feststellen. Dann zieht er sofort den Inhalt in Zweifel. Die Körpersprachsignale sind für ihn die Wahrheit. Das Wort „wahrnehmen" ist sogesehen sehr vielsagend.

Diese Fähigkeiten sind uns angeboren. Die Körpersprache ist viel älter als die gesprochene Sprache.

Vor allem bei Ich-Aussagen, also beim Aussprechen der eigenen Gefühle, wäre es sehr gefährlich, ein Gefühl vorzutäuschen, das man ehrlicherweise nicht in sich verspürt. So ein Betrug würde vom anderen sofort erkannt werden. Er würde sich betrogen, mißbraucht und verschaukelt fühlen. Emotionale Ich-Aussagen sind sehr stark in der Wirkung, aber nur, wenn sie ehrlich sind. Fehlen solche Gefühle, wie sie in den beiden Listen aufgeführt sind, sagt man besser nichts. Ehrliche Ich-Aussagen sind ein wichtiges Element des Emotional Personal Selling.

Commitment

Schon wieder ein englischer Ausdruck! Zugegeben, wir erleben einen starken Anglizismus, und es wird nur so mit englischen Ausdrücken um sich geworfen. Andererseits können wir das nicht verhindern. Es gibt eben Ausdrücke, die im Deutschen nicht existieren. Wie würde man z. B. „Software" anders benennen?
Commitment existiert als gängiger Ausdruck in den USA und in England schon sehr lange. Auch dieser Ausdruck läßt sich nicht mit einem einzigen deutschen Wort erklären.

Commitment ist eine Zusammensetzung von folgendem:

– Engagement bis zur Hingabe
– Selbstverantwortung
– Selbstverpflichtung
– Selbstverwirklichung
– Erfüllung
– Konzentration
– Entschiedenheit

- Begeisterung
- Freude
- Kreativität
- Autonomie
- Zivilcourage

Für das Emotional Selling ist Commitment eine Voraus-setzung. Jemand, der nicht committed ist, kann niemals die Gefühle der Kunden positiv ansprechen. Es fehlen das innere Bemühen, das innere Feuer und die innere Begeisterung.

In diesem Buch haben wir versucht, die Voraussetzungen zu schildern, wie man zu einem starken, inneren Commitment kommt. Für die Zukunft ist Commitment die Voraussetzung für den Verkaufs- und somit für den Unternehmenserfolg.

Die folgenden Leitsätze müssen von den Mitarbeitern und Mitarbeiterinnen – ungeachtet ihrer Funktion – verinnerlicht werden:

Ich bin total committed.

Ich gebe mir Mühe, mich „gut zu verkaufen" in allen persönlichen und telefonischen Kontakten mit Kunden und Kundinnen, Mitarbeitern und Mitarbeiterinnen.

Auch Mitarbeiter und Mitarbeiterinnen der eigenen Firma behandle ich wie Kunden.

**Ich versuche, die bestehenden
Kunden so zu motivieren
und zu begeistern, daß sie
immer wiederkommen.**

**Ich versuche, neue Kunden zu
gewinnen, so oft und so gut
ich kann.**

Das Leitbild

Was will ich sein? Was will ich werden? Was sind meine
Ziele? Wohin will ich mich entwickeln? Was will ich erreichen?
Diese Fragen muß man sich stellen und nach Antworten
suchen. Die Antworten ergeben die Punkte, auf die man
hinarbeitet. Darauf ist man ausgerichtet und committed.
Das ist persönliches Commitment.
Um von allen Mitarbeiterinnen und Mitarbeitern ein Commitment gegenüber der Firma zu erhalten, ist ein Firmenleitbild unerläßlich.

Vom Firmenimage zum Firmenleitbild

- *Was sind wir?*
- *Wer sind wir?*
- *Wie werden wir beurteilt?*
- *Wie sind wir im Markt positioniert?*

Diese Fragen betreffen das Firmenimage. Wie wir im ersten
Kapitel gesehen haben, ist das Firmenimage vorwiegend
emotional (Mercedes steht für Qualität: Ihr guter Stern auf
allen Straßen). Das Firmenimage beeinflußt das persönli-

che Image sehr stark. Im süddeutschen Raum ist jemand, der „beim Daimler" arbeitet, überdurchschnittlich gut. Entsprechend stolz sind die Mitarbeiterinnen und Mitarbeiter der Firma Daimler-Benz.

Stolz ist auch eine Form von Commitment. Man muß nur aufpassen, daß man damit nicht übertreibt. In manchen Unternehmen lassen einen die Mitarbeiterinnen und Mitarbeiter diesen Stolz auf eine eher herablassende Weise spüren. So ist es dem Autor schon passiert, daß der Oberkellner eines berühmten Restaurants vor lauter Stolz sehr unhöflich und herablassend war, ganz im Gegensatz zum Chef und Besitzer, der sich sehr nett und zuvorkommend verhielt.

Ein Firmenleitbild verbessert das Emotional Personal Selling. Die Fragen, die sich ein Unternehmen stellen muß, sind z. B. folgende:

- *Was wollen wir sein?*
- *Wie wollen wir sein?*
- *Welche Beurteilung streben wir an?*

Antworten auf solche Fragen ergeben ein verhaltensorientiertes Leitbild. Hier ein Beispiel:

Wir geben uns mehr Mühe, hören besser zu und tun unser möglichstes, um alle Wünsche unserer Kunden zu erfüllen.

Jemand, der sich an einem solchen Firmenleitbild orientiert, verhält sich automatisch kundenorientiert und verkauft sich selbst entsprechend besser. Sein ganzes Tun und Lassen orientiert sich am Kunden. Er selbst gibt sich mehr Mühe, jeden Kunden und jede Kundin zufriedenzustellen. Damit wächst sein Sympathiewert, die Kunden empfinden ihn als hilfsbereite, zuvorkommende, sympathische Persönlichkeit.

Die Vereinbarung mit sich selbst

Wie bereits erwähnt, kann man herzliche Freundlichkeit nicht reglementieren. Commitment eigentlich auch nicht. Der Unterschied zwischen einem aufgezwungenen, reglementierten und genau spezifizierten Verhalten und einer spontanen, herzlichen, inneren Freundlichkeit und Zuvorkommenheit ist sofort spürbar.

Emotional Personal Selling ergibt die Kommunikationskultur. Der größte Teil der Unternehmenskultur wird von der Kommunikationskultur im Unternehmen bestimmt. Wir denken jetzt nicht an den organisatorischen Teil der Kommunikation, sondern an die *Art und Weise, wie man miteinander kommuniziert.* So wie die Mitarbeiter und Mitarbeiterinnen in einem Unternehmen miteinander kommunizieren, so kommunizieren sie auch mit den Kunden.

Man kann nicht zwei verschiedene Kommunikationskulturen haben. Wenn es in einer Abteilung eines Unternehmens an der Tagesordnung ist, daß man einander beim geringsten Anlaß anschreit, kann nicht erwartet werden, daß dieselbe Person, die eben jemanden angebrüllt hat, plötzlich einem Kunden, der gerade anruft, mit herzlicher Freundlichkeit begegnet. Auch wenn sich die Person „zusammenreißt", wird sie noch voller negativer Gefühle sein, und diese werden sich auf den anrufenden Kunden übertragen, denn der Tenor, die Tonlage, die Stimme der betreffenden Person, alles wird negativ besetzt sein. Das empfindet der Kunde als abstoßend. Er kommt sich als unwillkommener Störenfried vor. Die betreffende Person verkauft sich schlecht.

Emotional Personal Selling muß man mit sich selbst vereinbaren. Wenn es gelingt, das Personal dahingehend aufzuklären, zu schulen, zu trainieren und zu motivieren, daß es vor allem ein persönlicher Gewinn ist, wenn man sich selbst besser verkauft, ist auch eine Vereinbarung mit sich selbst möglich. Eine solche Vereinbarung kann wie folgt aussehen:

Jede Person, mit der ich spreche, ist mein Kunde.
Auch meine internen Gesprächspartner behandle ich wie Kunden. Wir alle sind ein großes Team und helfen einander, gemeinsame Ziele zu erreichen.

Immer dann, wenn ich etwas von einer anderen Person haben will, sei es eine Auskunft, eine Dienstleistung usw., ist sie mein Kunde. Ich versuche, dieser Person die Idee zu verkaufen, daß sie das tut, was ich von ihr möchte. Umgekehrt erwarte ich von jeder Person, die von mir etwas will, daß sie mich als Kunden behandelt.

Ist das eine Utopie?

Ganz und gar nicht. In Unternehmen, wo kundenorientiertes Verhalten in Seminaren mit dem Autor mit anschließenden Coachings und Meetings vermittelt wurde, ist eine solche interne Kommunikationskultur Realität. Selbstverständlich gibt es Ausnahmen im täglichen Ablauf. Wenn großer Streß herrscht, kann der Stil der Kommunikation energisch und schnell werden. Aber wenn die Basis des gegenseitigen Kommunizieren so ist, wie hier empfohlen wird, werden solche Ausnahmesituationen toleriert.

Um alle soweit zu bringen, ist es notwendig, daß jede einzelne Person auch einschreitet, wenn in der Kommunikation – sei es intern oder mit Kunden – Fehlverhalten auftreten. Solche Fehlverhalten dringen selten nach oben durch bis zum Mittelmanagement oder gar bis zum Topmanagement. Fehlverhalten werden in Einzelfällen von reklamierenden Kunden oder Kundinnen gemeldet. Aber dann liegt das Fehlverhalten meistens zeitlich lange zurück, es kann kaum mehr rekonstruiert werden und eine Verbesserung ist fraglich. Ideal ist, wenn jedermann „on-the-spot", also gleich an Ort und Stelle, beim Auftreten eines Fehlverhaltens interveniert. Das bedingt, daß jeder Mitarbeiter und jede Mitarbeiterin zusätzlich eine Coaching-Funktion übernimmt. Das kann in diese „Vereinbarung mit sich selbst" wie folgt aufgenommen werden:

**Wenn ich ein Fehlverhalten
antreffe, versuche ich
ruhig zu bleiben.
Ich versuche die betreffende
Person diskret und sachlich
zu überzeugen, daß sie ihr
Verhalten ändern sollte.
Wenn mir das nicht gelingt,
versuche ich es ein weiteres Mal
in einer anderen Form.
Schaffe ich es nicht allein,
versuchen wir es im Team
zu lösen.
Macht die Person Fortschritte,
sage ich ihr das auch.**

Niemand wird dazu angehalten, andere zu bespitzeln und zu beobachten. Aber wenn man zufälligerweise einem

Fehlverhalten begegnet, macht man nicht mehr – wie früher – die Faust im Sack und denkt für sich: „Das ist wieder mal typisch für diese Person, ich schweige lieber, denn ich will keinen Streit haben." Man interveniert, so wie man bei seinen eigenen Kindern interveniert, wenn sie ungezogen sind.

Das kann jeder auf seine Art sehr gut. Kindererziehen ist auch eine Art Coaching, jeder macht das so gut, wie er kann. Allerdings sind Schläge verpönt. Gutes Zureden genügt, und das Angebot, auch im umgekehrten Falle auf ein eigenes Fehlverhalten aufmerksam gemacht werden zu wollen. Alles geschieht im Sinne des Firmenleitbildes. Oft genügt es, die zu kritisierende Person auf das Firmenleitbild aufmerksam zu machen und zu fragen: „War die Art und Weise, wie Sie eben diesem Kunden begegnet sind, im Sinne unseres Firmenleitbildes?"

Das Vorbild

Vor allem die Vorgesetzten hatten noch nie soviel Vorbildcharakter wie heute. Sie müssen ihren Mitarbeitern und Mitarbeiterinnen alles selbst vorleben, was sie von ihnen verlangen. Gemeint ist jetzt nicht die fachliche Qualität der Arbeit, sondern das menschliche Verhalten, vor allem in der Kommunikation.

Führungskräfte müssen voll erwachsene, oder besser: „ausgewachsene" Menschen sein. Sie dürfen keine Roboter sein, sondern müssen sich eigene Fehler zugestehen können und daraus lernen. Neben ihrer fachlichen Kompetenz müssen Sie auch zunehmend in der Lage sein, sich selbst zu verkaufen. Sie müssen ihre Fähigkeit des Emotional Personal Selling ebenso entwickeln. Dabei müssen sie sich selbst immer treu bleiben. Alles künstliche Erfolgsgehabe muß wegbleiben. Nur ein authentisches Verhalten hat Substanz und ist glaubwürdig.

Führungskräfte müssen sich gegenüber ihren Mitarbeitern und Mitarbeiterinnen natürlich, aber gerecht geben. Wenn sie gerade ein Tief haben, sollten sie Gespräche mit ihnen eher vermeiden.

> **Situativer Führungsstil soll kein unberechenbarer, launischer Führungsstil sein.**
> **Eine wertschätzende, menschliche und faire Behandlung des Mitarbeiters, frei von Willkür, ist Bedingung. Dabei zieht es der Mitarbeiter vor, vielleicht nicht immer ganz so „lieb", dafür berechenbar und gerecht behandelt zu werden.**

Das eigene Verhalten im Unternehmen, ob als Führungskraft oder als Mitarbeiter, wird immer wichtiger. Die Art und Weise, wie man sich anderen Personen gegenüber verhält, sei es am Telefon, in Einzelgesprächen, bei Meetings oder Teamsitzungen, prägt die Kommunikationskultur und damit auch den Unternehmenserfolg.

Vertrauen im Team

Im Sinne des Emotional Selling ist das Team sehr wichtig. Einzelleistungen sind heutzutage fast nicht mehr möglich in einem Unternehmen. Jeder ist auf andere angewiesen. Die üblichen Strukturen wie Abteilungen und Hierarchieebenen, die sich früher bekämpft haben, werden problematisch. Man strebt den Teamgedanken an. Diese Team-offensive will die wechselseitigen Bindungen im Unternehmen verbessern. Dabei spielt das gegenseitige Vertrauen eine große Rolle. Vertrauen kann aber nicht appellativ herbeigeredet oder befohlen werden. Vertrauen muß aus den eher sanften Faktoren wie Stimmung, Vernetzung und Kommunikationskultur wachsen.

Es kommt immer mehr darauf an, wie man sich im Team verkauft. Ob Teamleader oder einfach Teammitglied, es wird immer wichtiger, wie man bei den anderen Teammitgliedern ankommt, wie man aufgenommen, akzeptiert und geschätzt wird. Der eigene Sympathiewert wird im Team besonders wichtig. Das Emotional Personal Selling auch.

In der folgenden Checkliste „Sieben Punkte für den Erfolg im Team" wird darauf hingewiesen, wie man sich im Team besser verkauft.

Sieben Punkte für den Erfolg im Team

1. Ich muß alles geben.

Früher machte man Karriere, indem man sein ganzes Wissen und Können streng für sich behielt. Heute muß man alles weitergeben. Und zwar freiwillig und spontan. Das fordert heraus, ständig nach Neuem zu suchen. Findet man Neues? Aber ja! Wer sucht, der findet! Ständige Suche nach Neuem erweitert das geistige Potential.

2. Ich darf keine Angst haben, Fehler zu machen.

Angst vor Fehlern verhindert alle Aktivitäten. Man blockiert sich selbst, aus Angst, sich zu blamieren. Im Team darf man sich ruhig blamieren. Man muß die Freiheit haben, laut zu denken. Unfertiges kann ja ein anderer aufnehmen und weiterentwickeln.

3. Ich darf mir auf meine Ideen nichts einbilden.

Ideen taugen nur etwas, wenn sie realisiert werden. Das schafft kaum einer allein. Dazu braucht es oft eine Vielzahl von Menschen. Deshalb darf man nie sagen: „Das war meine Idee", sondern immer nur: „Das war unsere Idee!"

4. Ich darf im Team nicht dominieren.

Um seine Ideen bei den anderen durchzusetzen, muß man subtil vorgehen. Übt man zuviel Druck aus, entstehen Gegendruck, Unwille und eine schlechte Atmosphäre. Man erzeugt Ja-Sager. So wird Kreativität unmöglich gemacht.

5. Ich darf die anderen nicht negativ kritisieren.

Wenn man jemanden öffentlich, in Anwesenheit von anderen kritisiert, erzeugt man automatisch Opposition. Alle anderen helfen dem, den man kritisiert hat. Zudem wird eine öffentliche Kritik als Beleidigung empfunden. Kritik soll nur im Einzelgespräch stattfinden. Lob und Anerkennung hingegen soll man eher im Team aussprechen. Bleiben Lob und Anerkennung im Team aus, ist das schon Kritik genug.

6. Ich muß meine Meinung auch ändern können.

Wenn die Mehrzahl der anderen Teammitglieder eine andere Ansicht hat, gibt es zwei Möglichkeiten:

A Die anderen sehen es noch nicht. Dann muß man weiter versuchen, sie zu überzeugen. Vor allem muß man dabei ruhig bleiben.

B Die anderen haben die besseren Argumente. Dann muß man seinen eigenen Standpunkt auch ändern können. Weiterkämpfen wäre eher kontraproduktiv. Vielleicht kann man das ganze vertagen.

7. Ich muß mich der Selbstdisziplin unterstellen.
Ich muß von mir selbst oft mehr verlangen als von den anderen. Ich darf die anderen nicht untebrechen, ich muß mich zurückhalten. Im Team ist es wichtig, daß ich ein gutes Vorbild bin.

Der Kunde muß gute Gefühle haben

Das Emotional Selling hat zum Ziel, daß sich der Kunde oder die Kundin gut fühlt. Je besser sie sich fühlen, desto eher kaufen sie, desto mehr kaufen sie und desto treuer werden sie als Kunden sein.

Wie man in anderen Menschen gute Gefühle erzeugt, hängt vorerst davon ab, was man selbst für Gefühle hat und wie man die eigenen Gefühle erkennen, managen und positiv beeinflussen kann.

Das persönliche Gespräch mit dem Kunden oder der Kundin, sei es face-to-face oder am Telefon, bietet jedesmal eine einzigartige Chance, die Gefühle der anderen Person positiv zu verändern.

Selbstverständlich wird immer versucht, Kundenanliegen sofort zu erledigen. Jeder weiß aber, daß das leider nicht immer möglich ist. Es muß nachgefragt, Dinge müssen abgeklärt werden. So ergibt sich für Kunden und Kundinnen oft eine Wartezeit. Da ist es nun sehr wichtig, daß man trotzdem versucht, den Gesprächspartnern gute Gefühle zu vermitteln, auch wenn das Anliegen nicht sofort erledigt werden kann.

Vertrauen muß geschaffen werden

Vertrauen entsteht selbstverständlich durch Erfahrungen, die man mit einem Lieferanten macht. Sind diese andauernd schlecht, können sich die Bezugspersonen noch soviel Mühe geben, den Kunden und Kundinnen liebevoll und zuvorkommend zu begegnen. Die Tatsachen bleiben: Alles läuft dauernd schief. Da wird man schlecht Vertrauen erzeugen können.

In der Praxis ist es aber so, daß die Fehlerquoten zurückgehen. Wenn dann doch ab und zu etwas passiert, kommt es eben sehr auf die emotionale Kundenbindung an, die man mit dem betreffenden Kunden bisher aufbauen konnte. Hat er gute Gefühle seinen Bezugspersonen gegenüber, ist er erfahrungsgemäß toleranter und konzilianter.

Sympathie kommt nicht von alleine

Wenn sich die Bezugspersonen nicht um die Gunst eines jeden Kunden und einer jeden Kundin bemühen, und zwar in jedem Telefon- und Face-to-face-Gespräch, wird keine Sympathie entstehen. Durch die falsche Ansicht, Sympathie sei lediglich eine Frage des Zufalls oder der „Chemie", nimmt so manche Kundenbindung ein Ende.

In jedem Gespräch muß sich die Bezugsperson bemühen, gute Gefühle im Kunden zu erzeugen. Das kann sie, indem sie emotionale Verkaufstechniken anwendet und sich auch sonst so verhält, wie das in diesem Buch empfohlen wird.

Tempo wird immer wichtiger

Alles muß immer noch schneller gehen. Sicher muß sich jeder Lieferant bemühen, schneller zu reagieren, die Wartezeiten zu verkürzen, Arbeitsprozesse zu rationalisieren und vieles mehr, damit die Kunden und Kundinnen möglichst schnell bedient werden können. Aber es geht eben auch dann noch nicht schnell genug. Aber da kommt es wieder auf das Gefühl an.

Haben die Kunden und Kundinnen *das Gefühl*, daß sie

möglichst schnell bedient werden, werden sie plötzlich geduldiger.

Die drei wichtigsten Kriterien für den Kunden, damit er sich zum Kauf entscheidet, sind:

Vertrauen
Der Kunde muß *das Gefühl haben:*
- **daß das Preis-Leistungs-Verhältnis stimmt**
- **daß die Produkte up-to-date sind**
- **daß seine Ansprüche voll abgedeckt sind**

Sympathie
Der Kunde muß *das Gefühl haben:*
- **daß die Bezugsperson für ihn denkt**
- **daß die Bezugsperson hilft, wie sie nur kann**
- **daß sich die Bezugsperson um ihn bemüht**

Tempo
Der Kunde muß *das Gefühl haben:*
- **daß die Bezugsperson sofort Zeit für ihn hat**

Was die Kunden und Kundinnen für Gefühle haben, ist letztlich viel wichtiger als das, was wirklich passiert. Es kann noch so viel schieflaufen und es können noch so viele Fehler vorkommen. Hat der Kunde gute Gefühle, wird er toleranter, ruhiger und verständnisvoller. Die guten Gefühle erzeugt man mit Emotional Selling. Das ist das Verkaufen der Zukunft.

35 Tips für den Außendienst

Wo geht es hin mit dem Verkauf? Braucht es überhaupt noch einen Außendienst? In gewissen Branchen ist ein Außendienst inzwischen zu teuer geworden, man behilft sich anderweitig, es wird über E-Commerce, Call-Centers und mit Prospekten und Katalogen verkauft.

Die heutige und zukünftige Außendienst-Verkaufsperson – dort, wo es sie noch gibt – muß auf jeden Fall sehr unternehmerisch denken. Die eigene Zeit gewinnbringend einzusetzen, auf der Kundenseite die richtigen Personen anzusprechen und nicht die falschen, bei Kundenbesuchen möglichst erfolgreich vorzugehen, das alles entscheidet über die Wirtschaftlichkeit eines Außendienstes.

Hier sind einige Tips an Verkaufspersonen, die schon lange im Außendienst tätig sind – oder solche, die neu beginnen:

**1. Je gründlicher man seine Arbeit plant,
desto leichter fällt sie.**

Kurzfristig eignet sich ein *Wochenplan* sehr gut, um die Reisezeit optimal ausnützen zu können. In vielen Unternehmen wird der wöchentliche Besuchsplan mit dem Computer erstellt, wobei die Besuchsfrequenzen nach Größe und Wichtigkeit der Kunden festgelegt werden. Das hat für viele Verkaufspersonen etwas Unsympathisches, nimmt ihnen jedoch viel zeitraubende Planungsarbeit ab. Muß man seinen Einsatz selbst planen, legt man für die kommende Woche vier volle Tage für alle zu vereinbarenden Besuche fest. Einen Tag oder zwei halbe Tage hält man sich offen für Unvorhergesehenes.

Nicht allein die Anzahl der Besuche bestimmt den Umsatz. Es kommt vor allem auf die Qualität der Besuche an. Weniger kann mehr sein. *Es ist nicht immer alles vordringlich.* Man soll nicht bei jedem Telefonanruf alles stehen und liegen lassen, um die scheinbar dringliche Sache zu erledigen. So käme man zu nichts, und Wochen- oder Tages-Arbeitspläne würden fortwährend über den Haufen geworfen. Viel besser ist, wenn man sich bei jeder anfallenden Arbeit die folgenden vier Fragen stellt:

1. *Ist es wichtig? (Ist es wirklich so wichtig?)*
2. *Ist es dringend? (Ist es wirklich so dringend?)*
3. *Kann ich es delegieren? (Horizontal oder eventuell sogar nach oben?)*
4. *Kann ich es einfacher machen? (Warum so kompliziert?)*

2. Zwanzig Prozent der Arbeitszeit ergeben achtzig Prozent der Verkaufsresultate.

Es ist unabdingbar, für die tägliche Arbeit Prioritäten zu setzen. Man sollte sich vermehrt fragen: „Was würde geschehen, wenn diese Tätigkeit nicht sofort ausgeführt und auf einen späteren Zeitpunkt verschoben wird?"

Verschiebe nie auf morgen, was du übermorgen auch noch tun kannst. (Erich Kästner)

---

3. Für die Neuwerbung von Kunden ist die Außendienst-Person ihr eigener Unternehmer.

Das vorhandene Kundenpotential muß erfaßt und gepflegt werden. Geht ein Kunde verloren, ist das zuerst einmal ein persönlicher Verlust und eine Niederlage für die zuständige Außendienst-Person. Jeder neue Kunde ist dagegen ein Verdienst. Die erfolgreiche Außendienst-Person bleibt immer in der Offensive und wartet nicht auf irgendwelche Unterstützung, die man in Aussicht stellt.

4. Die erste unternehmerische Frage heißt: „Wo gibt es Potential und Bedarf?"

Wichtig ist die Früherkennung von einem möglichen Bedarf. Je früher man erfährt, daß sich ein Bedarf abzeichnet, desto größer sind die Möglichkeiten und Chancen, ein Geschäft zu machen. Einer der wichtigsten Gründe, warum ein Geschäft nicht gemacht wurde, ist der Informationsvorsprung der Konkurrenz. Es gilt deshalb, Augen und Ohren permanent offenzuhalten!

5. Die zweite unternehmerische Frage heißt: „Wann sind Großaufträge fällig?"

Bei größeren Aufträgen ist von noch größerer Bedeutung, frühzeitig informiert zu sein, damit von Anfang an die richtigen verkaufsstrategischen Maßnahmen getroffen werden können. Die Entscheidungsprozesse sind bei Großaufträgen oft recht komplex und pflegen sich in die Länge zu ziehen. Es gilt, immer im richtigen Moment mit den richtigen Leuten reden zu können, bevor ungünstige Teilentscheidungen gefällt werden.

6. Die dritte unternehmerische Frage heißt: „Was tut der Wettbewerb?"

Es gilt, sich an den Mitbewerbern zu orientieren und sich mit ihnen zu messen. Der Kunde erwartet von der Außendienst-Person, daß sie die Konkurrenz und deren Produkte und Dienstleistungen kennt. Wo verschafft man sich diese Informationen? Am besten bei Fachmessen und Ausstellungen, dort sind die meisten Anbieter anwesend, und man kann sich umfassende Informationen verschaffen, wenn man von Stand zu Stand geht und gut zuhören kann.

7. Das Telefon ist ein sehr kostengünstiges Verkaufsinstrument.

Mit der richtigen inneren Einstellung ist eine telefonische Akquisition erfolgreich. Man gibt sich einen Ruck, holt tief

Luft und wählt die nächste Nummer. Man nimmt das Ganze sportlich. Nach einem Erfolg freut man sich ungeheuerlich. Diese Freude reicht aus, weitere zehn bis zwanzig Absagen hinzunehmen. Erfolgreiche Verkaufspersonen in den USA rechnen mit *einem* Besuchstermin bei zwanzig Telefonanrufen und *einem* Auftrag bei acht Besuchen! Jede Absage bringt mich einen Schritt näher an den nächsten Erfolg!

Erfahrungsgemäß ist es gar nicht so wichtig, was genau man am Telefon sagt – die eigene innere Gewißheit, daß der Kunde einverstanden ist, mich zu empfangen, wiegt stärker. Wenn der Kunde das Gefühl hat, mein Besuch sei für ihn interessant, wird er auch zustimmen, daß ich komme. Dieses Gefühl zu vermitteln, darauf kommt es an.

8. Wer sich selbst Ziele setzt, lebt motiviert und zielgerichtet.

Wir haben die Tendenz, in Aufgaben zu denken und nicht in Zielen. Aufgaben sind Tätigkeiten. Je nachdem, ob wir sie als angenehm oder eher unangenehm empfinden, haben sie eine motivierende oder frustrierende Wirkung. Da wir vieles im Geschäftsleben als unangenehm empfinden, verhindert ein solches „Denken in Aufgaben" oft die Freude an der Arbeit.

Viele Menschen setzen sich kaum konkrete Ziele. Sie denken: „Ich weiß dann schon, was ich tue, wenn es so weit ist!" Sie lassen sich treiben. Die tägliche Arbeit nimmt sie derart in Beschlag, daß sie nicht an kommende Ziele denken. Sie sind aber enttäuscht, wenn sie laufend von Unvorhergesehenem überrascht werden und „nicht vom Fleck kommen".

Der Erfolgreiche setzt sich laufend eigene, persönliche Ziele. Ziele soll sich der Außendienst-Verkäufer auch für den privaten Bereich setzen, und zwar kurz-, mittel- und langfristige wie z. B.

- Ein Wochenendausflug
- Die nächsten Ferien
- Ein Hausbau

Solche private Ziele bringen Vorfreude, etwas, das man nur hat, wenn Ziele da sind. Je mehr Ziele, desto mehr Vorfreude. Dies ist ein wichtiger Bestandteil der eigenen Motivierung. Ein zielgerichteter Mensch geht freudiger durchs Leben.

9. Für jedes Verkaufsgespräch müssen klare, konkrete und realistische Ziele gesetzt werden.

Zuerst muß eine *Strategie* festgelegt werden, nach der ein Kunde bearbeitet wird. Innerhalb dieser Strategie werden mit dem Kunden Gespräche geführt, die den Verkäufer jedesmal einen Schritt näher zum Endziel – dem Auftrag – bringen müssen.

Die Vorbereitung erfolgt immer auf ein bestimmtes Gespräch hin. Nachdem das Gespräch stattgefunden hat, führt man eine Erfolgskontrolle durch. Man bereitet sich auf das nächste Gespräch vor, indem man entsprechend neue Gesprächsziele festlegt.

Am besten geht man nach dem *Zielfindungsprozeß* vor:

- **Erster Schritt:** Man erstellt einen Katalog aller erwünschten und erstrebenswerten Gesprächsziele. Das können, je nach der Gesprächsdauer, drei bis zehn oder noch mehr Gesprächsziele sein.

- **Zweiter Schritt:** Man erklärt eines der notierten Ziele zum Haupt-Gesprächsziel. Damit werden automatisch alle anderen Gesprächsziele zweitrangig. Die Chance, daß das Gesprächs-Hauptziel erreicht wird, ist groß, weil man im Gespräch eine „Konzentration aller Kräfte" auf dieses Hauptziel hin erreicht.

- **Dritter Schritt:** Alle Gesprächsziele werden noch einmal auf ihre Formulierung hin überprüft. Man muß darauf achten, daß sie
  - klar,
  - konkret und
  - realistisch sind.

Klar müssen die Ziele auf Anhieb sein, damit man weiß, was man wirklich erreichen will.

Konkret müssen sie deshalb sein, damit man sie nach erfolgtem Gespräch auch kontrollieren kann.

Realistisch müssen sie sein, damit auch wirklich eine gute Chance besteht, sie zu erreichen. Für unrealistische Ziele kämpft man erst gar nicht, weil man von Anfang an nicht daran glaubt.

10. Je mehr Gesprächsziele festgelegt werden, desto größer ist der taktische Spielraum.

Das Haupt-Gesprächsziel ist festgelegt, und der Verkäufer strebt an, dieses Hauptziel zu erreichen. Am besten notiert man es auf ein Blatt Papier, darunter führt man alle weiteren Gesprächsziele (Gesprächs-Nebenziele) auf.

Wahrscheinlich wird man nicht gerade am Beginn des Gesprächs das Hauptziel ansteuern. Zuerst wird man ein Nebenziel anvisieren und erst dann einen ersten Anlauf auf das Hauptziel unternehmen. Bildet sich ein Widerstand, so kann vom Hauptziel auf ein Nebenziel ausgewichen werden, um die Atmosphäre zu entspannen. Dann unternimmt man später einen weiteren Anlauf auf das Hauptziel, geht wieder zurück auf ein anderes Nebenziel usw.

Dabei sollte man situativ entscheiden, auf welches Nebenziel man jeweils ausweicht. Die Reihenfolge in der Bearbeitung der verschiedenen Gesprächsziele muß sich je nach Situation und Verlauf ergeben. Es ist von Vorteil, wenn sich die Nebenziele im Schwierigkeitsgrad stark voneinander unterscheiden. Um so größer wird der taktische Spielraum und die Manövrierfähigkeit.

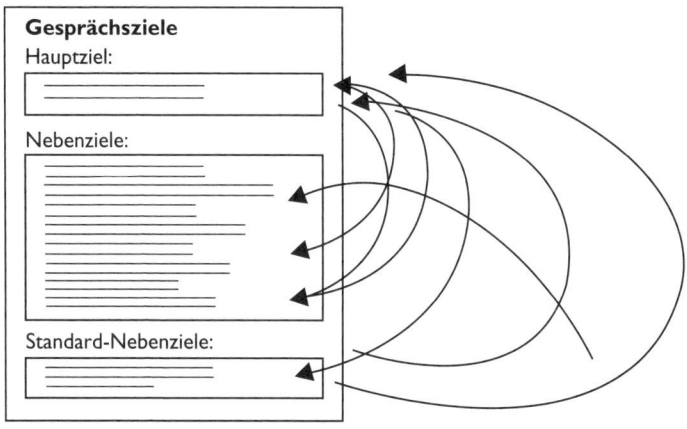

Gesprächsziele
Hauptziel:

Nebenziele:

Standard-Nebenziele:

11. Nach jedem Verkaufsgespräch führt man eine Erfolgskontrolle durch.

Die Formulierung von Gesprächszielen hat nur dann einen Sinn, wenn grundsätzlich nach jedem Verkaufsgespräch auch eine Erfolgskontrolle durchgeführt wird. Vor allem soll der Erfolg bezüglich des Haupt-Gesprächsziels kontrolliert werden. Wurde es erreicht, war das Verkaufsgespräch ein Erfolg, und man ist innerhalb der Bearbeitungsstrategie dem Endziel – dem Auftrag – einen Schritt nähergekommen. Hat man es nicht erreicht, muß für ein nächstes Gespräch ein neues Hauptziel festgelegt werden.

Die Neben-Gesprächsziele werden ebenfalls durchgegangen. Alle erreichten können abgehakt werden. Die nicht erreichten werden für das nächste Gespräch wieder übernommen.

Aufgrund des Soll-Ist-Vergleichs können neue Ziele für weitere Gespräche formuliert werden. Dabei spielt es eine Rolle, ob das Gesprächsziel jeweils einfach oder schwierig zu erreichen war. Je nachdem, wird man weitere Gesprächsziele im Schwierigkeitsgrad entweder anheben oder belassen.

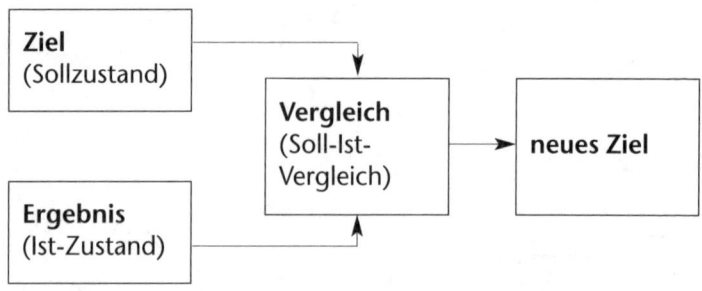

12. Wirksame Verkaufsargumente sprechen Kundenprobleme an.

Der Verkäufer muß vor dem Gespräch genau abwägen, welche Argumente für den Kunden von Bedeutung sind. Ein Vorteil eines Angebotes muß immer auf ein Problem des Kunden eingehen – hat er dieses Problem nicht, ist das Angebot kein Vorteil.

Ein Verkaufsargument muß immer auf das Interesse des Kunden stoßen – hat er dafür kein Interesse, ist das Argument nichts wert.

Ein Angebot muß immer auf einen konkreten Bedarf des Kunden stoßen – ist kein echter Bedarf dafür vorhanden, taugt das Angebot nichts.

Ein Vorschlag muß für den Kunden realistisch sein – ist er nicht realistisch, wird er ihn ablehnen.

Eine Idee muß für den Kunden Vorteile haben – sieht er für sich keine Vorteile, weist er sie zurück.

Ein Anliegen muß für den Kunden interessant sein – ist es für ihn ein uninteressantes Anliegen, lehnt er es ab.
Gründe müssen für den Kunden plausibel sein – leuchtet ihm ein Grund nicht ein, weist er ihn zurück.

13. Ichbezogene Argumente überzeugen niemanden.

Für jedes Verkaufsgespräch soll eine Liste der wichtigsten Argumente erstellt werden, wobei man neben jedes Argument die Interessen und Probleme stichwortartig anführt, die man damit beim Kunden anspricht.

Verkaufsargumente	Kundenprobleme
Vorteile	betreffen welche Interessen?
Vorschläge	betreffen welche Probleme?
Ideen	betreffen welche Sorgen?
Anliegen	betreffen welche Nöte?
Gründe	betreffen welche Freuden?
	betreffen welche Leiden?
	bergen welche Gefahren?
	bergen welche Risiken?
	bringen welche Konsequenzen?

Beispiele:

Situation	Ichbezogene Aussage	Kundenbezogene Aussage
Ein Verkäufer preist ein Aktionsmodell an:	Dieses Modell geht bei uns ganz besonders gut.	Bald wird für Sie keine so günstige Maschine mehr vorrätig sein.
Ein Verkäufer beantragt beim Chef eine Gehaltserhöhung:	Ich muß eine größere Wohnung beziehen, weil wir ein drittes Kind bekommen.	Innerhalb der letzten zwei Jahre habe ich eine Umsatzsteigerung von … % erzielt.

| Antrag des Mönchs an den Mullah, ob Rauchen beim Beten gestattet würde: | Darf ich rauchen während des Betens? | Darf ich beten während des Rauchens? |

---

14. Einwände sind etwas Natürliches und Selbstverständliches.

In jedem Verkaufsgespräch wird der Kunde Einwände vorbringen. Einwände sind etwas Natürliches. Meistens sind Einwände auch ein Zeichen von Interesse. Auch im privaten Bereich gibt es keine Gespräche ohne Einwände. Bringt der Partner keine Einwände – oder keine mehr –, dann ist das Verhältnis zwischen den Partnern gestört. Warum ärgern wir uns, wenn der Gesprächspartner einen Einwand vorbringt? Man darf sich nicht über Einwände ärgern, sondern muß sie als etwas Selbstverständliches erwarten.

Wenn wir eine positive Einstellung zu den möglichen Einwänden unserer Gesprächspartner haben, können wir sie am ehesten überwinden.

15. Einwände soll man im voraus bedenken.

Vorausgesetzt, man ist einigermaßen über den Gesprächspartner orientiert, kann man ziemlich genau im voraus bestimmen, welche rationalen Einwände und Gegenargumente er vorbringen wird. Gemeint sind sachliche und stichhaltige Einwände, Bedenken, Zweifel, Gegenargumente, Erfahrungen und nicht Vorwände, Ausreden, Ausflüchte, Notlügen oder unbestimmte innere Zweifel. Letztere gehören in die emotionale Ebene der zwischenmenschlichen Kommunikation und sind anders zu behandeln.

Der Verkäufer soll sich vor jedem Verkaufsgespräch eine Liste der Einwände erstellen, die er von seinem Kunden erwartet. Er überlegt sich, welche Antwort er auf jeden Einwand geben kann. Die Antwort muß einleuchtend, schlagkräftig und überzeugend sein:

Einwände des Kunden	Antworten des Verkäufers
– Zweifel	– Beweise, Gegenbeweise
– Bedenken	– Gegenargumente
– Schlechte Erfahrungen	– Referenzen
	– Erfahrungen
– Vorurteile	– Schriftstücke
– Falsche Informationen	– Aussagen
	– Zeugen
	– Statistiken

Diese Vorarbeit lohnt sich sehr. Man stellt auch fest, daß fast alle Kunden mehr oder weniger die gleichen Einwände vorbringen. Diese Vorbereitung ist also eine Einmal-Arbeit.

16. Der Preiskampf nimmt weiter zu.

Aufgrund des verlangsamten Wirtschaftswachstums besteht ein zähes Ringen um das Überleben auf dem Markt. Jeder Verkäufer wird mit der Tatsache konfrontiert, daß der Preis eine zentrale Stelle im Verkaufsgespräch einnimmt.

In Verkaufsverhandlungen gibt es – meistens nachdem alle technischen und fachlichen Fragen des Kunden beantwortet sind – eine Phase: das „Preis-Fegefeuer". Wenn es von Anfang an erwartet wird, ist man nicht mehr überrascht und kommt besser hindurch.

Am besten bereitet man sich vor, indem man für das „Preis-Fegefeuer" bestimmte gesonderte Argumente bereitstellt, die den Preis verteidigen und erklären:

● ...., *dies ist ein besonderer Grund, warum unser Preis gerechtfertigt ist.*

85

- ...., *deshalb ergibt unsere Kalkulation diesen Preis.*
- *Ein weiterer, für Sie unerläßlicher Vorteil ist ...., was ebenfalls einen wesentlichen Bestandteil unseres Preises ausmacht.*

Wenn der Kunde behauptet, er hätte ein Konkurrenzangebot, das wesentlich günstiger sei, ist das mit Vorsicht zu genießen. Wird auf die direkte Frage, ob man diese Offerte sehen könne, ausgewichen, bedeutet dies oft, daß gar keine Offerte vorliegt. *Ist eine Offerte auf dem Tisch, ist ein zeilenweiser Vergleich für beide Seiten von Vorteil. Der Vergleich der Endsummen allein bringt nichts.*

Man muß versuchen, von den kurzfristigen Argumenten wegzukommen und grundsätzliche Vorteile und Argumente ins Gespräch zu bringen, die weniger das zur Diskussion stehende Geschäft betreffen, sondern die langfristige Partnerschaft mit dem Kunden positiv beeinflussen wie z. B.

- Zuverlässigkeit in punkto Liefertermine
- Zuverlässigkeit in punkto Qualität
- Bereitschaft zu Dienstleistungen und Service
- Ehrliche Bemühungen um Problemlösungen auch nach dem Abschluß

17. Der Preis muß aus dem Mittelpunkt des Verkaufsgesprächs heraus.

Der Preis darf nicht eine zentrale Stelle im Verkaufsgespräch einnehmen, man muß versuchen, ihn aus dem Zentrum hinauszuschieben (siehe Grafik Seite 89).

18. Der Markt befiehlt die „Preis-Schallgrenze".

Ein kluger Einkäufer beobachtet den Markt und die Preise. Die „Marktpreise" diktieren den Lieferanten ihre Kalkulation. Liegt ein Anbieter preislich höher als seine Konkurrenz, muß er einen höheren Preis gut begründen können. Die

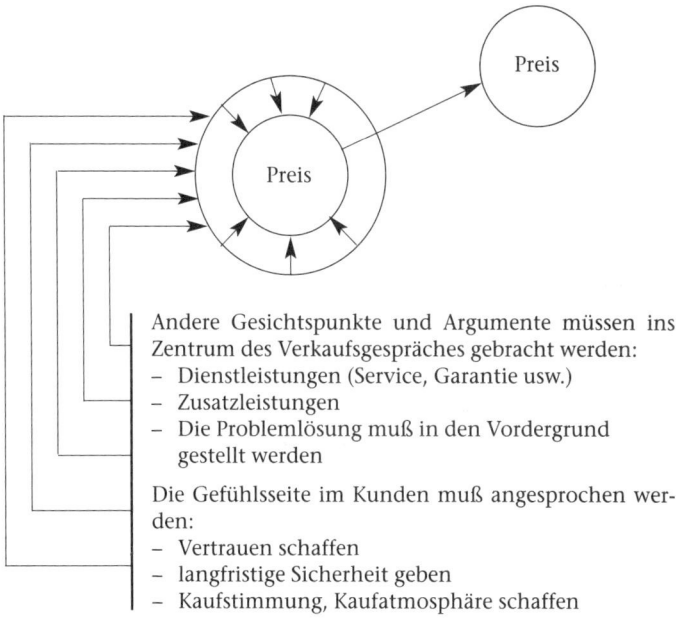

Andere Gesichtspunkte und Argumente müssen ins Zentrum des Verkaufsgespräches gebracht werden:
– Dienstleistungen (Service, Garantie usw.)
– Zusatzleistungen
– Die Problemlösung muß in den Vordergrund gestellt werden

Die Gefühlsseite im Kunden muß angesprochen werden:
– Vertrauen schaffen
– langfristige Sicherheit geben
– Kaufstimmung, Kaufatmosphäre schaffen

Preisdifferenz muß gerechtfertigt sein.

In den letzten Jahren haben sich drastische Preiseinbrüche oder -zusammenbrüche ereignet, die vielen Unternehmen das Messer an den Hals gesetzt und sie schließlich zum Aufgeben gezwungen haben.

Unternehmen, die sich „in den letzten Zuckungen" befinden, senken manchmal drastisch ihre Preise und gehen weit unter den Marktpreis, um sich dadurch neue Chancen zu verschaffen. Solche Preissenkungen bewirken das Gegenteil und erweisen sich als „aktive Sterbehilfe". Zudem werden Märkte verunsichert: Kunden halten mit Abschlüssen zurück, in der Erwartung, die Preise gehen noch weiter hinunter.

In solchen Situationen ist es besonders wichtig, daß der Außendienst-Verkäufer die Preise verteidigt. Wenn nachgegeben und vielleicht sogar ein Preis-Erdrutsch verursacht wird, ist später nur schwer eine Korrektur nach oben möglich.

19. Preis-Angst ist gefährlich.

Ein Verkäufer, der Angst vor den eigenen Preisen hat, ist gefährdet. Denn er strahlt diese Angst auch aus. Angst macht andere aggressiv. Strahlt ein Verkäufer Preis-Angst aus, dann wird der Kunde aggressiv, das ist ein psychologischer Vorgang. Und nicht selten „fällt er über den Verkäufer her" und nimmt ihn in die „Preiszange".

Ein Verkäufer muß überzeugt sein, daß seine Produkte oder Dienstleistungen gerechte, faire Preise haben, die man überprüfen kann. Er muß die Gewißheit haben, daß die Preise im Rahmen liegen, den der Markt festlegt. Dann soll und kann er jeweils den Preis mit der notwendigen inneren Sicherheit und Ruhe nennen, rechtfertigen und verteidigen.

20. Preisnachlässe dürfen niemals ohne konkrete Begründung gegeben werden.

Wenn der Kunde auch nur ein einziges Mal vom Verkäufer in der Phase des „Preis-Fegefeuers" einen Preisnachlaß herausverhandeln konnte, ist das oftmals der Anfang vom Ende. Er wird in allen folgenden Verkaufsverhandlungen noch stärker auf Preisnachlässe drängen. Unbegründete Preisnachlässe können einen großen Vertrauensverlust bedeuten, so daß dieser Lieferant nicht mehr berücksichtigt wird. Unbegründete Preisnachlässe werden als unseriöses Geschäftsgebaren gedeutet oder auf eine schlechte finanzielle Position des Lieferanten bezogen.

Wenn ein Preisnachlaß doch gegeben wird, darf es niemals heißen: „Weil Sie es sind." Der Preisnachlaß muß ausführlich und überzeugend begründet werden, wie z. B.

- Wir konnten durch eine Modernisierung unserer Produktion ... % unserer Kosten einsparen, deshalb können wir unseren Preis um ... % günstiger kalkulieren.
- Durch Großeinkauf ist es uns gelungen, günstiger einzukaufen, so daß wir Ihnen die Einsparung weitergeben können.
- Wir haben uns entschlossen, diesen Posten zu ... % günstiger abzugeben, weil wir damit erhebliche Lagerkosten einsparen können.

21. Der Preis darf niemals einziges Verkaufsargument sein.

Ein Produkt oder eine Dienstleistung, die zu einem bedeutend günstigeren Preis angeboten wird als zu den Durchschnittspreisen der Konkurrenz oder den geltenden Marktpreisen, verkauft sich oft gerade des günstigen Preises wegen. Eine besondere Verkaufsanstrengung ist nicht notwendig, denn der Kunde bedient sich nach dem Prinzip des Selbstbedienungsladens. Dort gibt es kein Verkaufspersonal und keine Beratung, sondern nur Kassiererinnen und Hilfspersonal.

Damit sei ausgedrückt, daß der Außendienst-Verkäufer nie „den günstigen Preis" verkaufen darf. Denn somit wäre er überflüssig, und ein Verkaufsgespräch wäre nicht mehr notwendig. Das Angebot könnte unpersönlich über den Fernschreiber oder den Computer-Bildschirm gemacht werden.

Eine der Hauptaufgaben des Außendienst-Verkäufers ist es zu argumentieren, den Preis zu begründen, zu verteidigen, zu halten und dafür zu kämpfen.

22. Preise sind relativ.

Wenn man Hausfrauen beim Einkaufen beobachtet, stellt man fest, daß z. B. bei Waschmitteln ein „Aktionspreis" von 2,90 Euro berücksichtigt wird gegenüber dem regulären Preis von 3,20 Euro. Der „günstige Preis" kann einen raschen Kauf auslösen. Ein paar Minuten später entscheidet sich dieselbe Hausfrau spontan für eine Bluse, die 95,– Euro kostet, zuungunsten einer billigeren Bluse zum Preise von 65,– Euro. Zuerst beachtet sie also eine Einsparung von 30 Cent, gibt jedoch im Handumdrehen 30,– Euro mehr aus, ohne sich dabei viel zu denken.

Das nennt man Preis-Schizophrenie.

Preise sind relativ.

Die Konsequenz hiervon: Der Verkäufer muß versuchen, eine möglichst enge, persönliche Beziehung zwischen dem Produkt oder der Dienstleistung und dem Kunden herzustellen. Je enger die Beziehung, desto weniger spielt der Preis eine Rolle.

23. In Preisverhandlungen soll man sich Zeit lassen.

Einkäufer versuchen manchmal, den Verkäufer unter Druck zu setzen, oder drohen: „Wenn Sie mir jetzt nicht sofort mit dem Preis entgegenkommen, ist für Sie der Zug abgefahren!" Läßt sich der Verkäufer in Unruhe und Hektik versetzen, ist oft alles verloren. Nur ein ruhiger Verhandlungspartner ist ein guter Verhandlungspartner.

Wir können von den Japanern lernen. In Japan gibt es keine „Blitz-Entscheide". Es wird tagelang, wochenlang, manchmal noch viel länger studiert, beraten und besprochen. Die wirtschaftlichen Erfolge dieser Nation beweisen, daß Hektik kein Bestandteil des Erfolges ist.

Es ist besser, die Preisverhandlung mit der Begründung zu vertagen, „alles noch einmal in Ruhe durchzukalkulieren". Wobei auch die Kundenseite gebeten werden soll, Vorschläge nochmals in Ruhe zu überdenken. Wenn man sich später wieder trifft, um die Verhandlung fortzusetzen, sieht die Situation meist sehr viel positiver aus.

Darum: Je mehr man den Verkäufer unter Druck setzen will, desto ruhiger soll er werden.

24. Der Preis darf nie allein genannt werden, sondern immer nur „im Sandwich".

• *Diese Maschine kostet 24.300,– Euro.*

Die Zahl 24.300 schwebt im Raum. Sie erscheint drückend hoch. Es könnte sein, daß der Kunde deswegen mit seinem Entscheid noch zuwarten möchte.

• *Wenn Sie die Maschine in der jetzt festgelegten Ausrüstung bestellen, dann ergibt sich ein Preis von 24.300,– Euro, das ist wenig gegenüber den beträchtlichen Einsparungen, die Sie mit dieser neuen Maschine machen können.*

Jetzt steht nicht mehr ein Preis im Raum, sondern ein Nutzen. Der Preis sollte darum immer „eingepackt" sein, wie die Wurst im Sandwich. Man nennt den Preis und fügt nach jeder Zahl gleich einen Nutzen an.
Das letzte Argument bleibt besonders stark haften. Das kann bewirken, daß der Kunde sofort bestellt.

25. Der Preis läßt sich vorteilhaft in kleine Einheiten aufteilen.

Hohe Summen, vor allem wenn es sich um Preisdifferenzen handelt, erzeugen schlechte Gefühle. Man muß versuchen, solche Summen auf die kleinstmögliche Einheit aufzuteilen:

• 300,– Euro für 1000 Tonnen ergibt 0,30 Euro pro Tonne.
• 500,– Euro Mehrpreis ergibt einen Mehrpreis von 0,50 Euro pro Tag bei einer Amortisation auf fünf Jahre zu 200 Arbeitstagen gerechnet.
• 1000,– Euro Mehrpreis für die Gruppenreise in die USA ergibt noch zusätzliche 33,33 Euro pro Person bei einer Gruppe von 30 Teilnehmern.

Fast jeder Mehrpreis läßt sich in kleinste Einheiten aufteilen. Eine kleine Einheit, den täglichen Vorteilen gegenübergestellt, wird eher verkraftet.

26. Auch „nicht-quantifizierbare" Vorteile lassen sich quantifizieren.

Argumente wie „zuverlässiger Service", „hohe Verfügbarkeit", „Wir sind immer für Sie da" usw. werden oft vom Kunden heruntergespielt. Er zuckt ganz einfach die Achseln und sagt: „Das bieten mir alle anderen Anbieter auch." Die Folge dieser Reaktionen ist, daß der Verkäufer diese Argumente immer weniger benutzt. Darum sollte der Verkäufer dem Kunden einmal die Frage stellen:

- *Wieviel ist es Ihnen pro Tag wert, daß wir Ihnen einen zuverlässigen Service bieten, wenn es wirklich drauf ankommt?*

Der Kunde ist dann vielleicht in Verlegenheit.

- *Ist Ihnen das eine Tasse Kaffee wert pro Tag, Herr Kunde?*

Eine Tasse Kaffee pro Tag, multipliziert mit 200 Arbeitstagen, multipliziert mit fünf Jahren Amortisationszeit ergibt einen Betrag von ca. 1000,– Euro.

27. Reden ist Silber, Zeigen ist Gold.

Nur etwa 10–20 % von dem, was man hört, bleibt im Gedächtnis haften. Bildhafte Eindrücke bleiben jedoch bis zu 30 % bestehen. Bei einer visuellen Ergänzung von verbalen Aussagen erreicht man Haftwerte bis zu 50 %. Es ist deshalb empfehlenswert, ein Verkaufsgespräch mit Anschauungsmaterial zu erweitern. Dazu verwendet man z. B.

- Fotos
- Bilder
- Tabellen } in Zeigemappen
- Kurven
- Statistiken

- Muster
- Modelle
- Proben

Achtung: Bei der Verwendung von visuellen Hilfsmitteln ist darauf zu achten, daß nur wenig Text auf einer Seite angebracht ist. Auch darf man nicht weiterreden, während man zeigt, sonst bringt man den Kunden in Verlegenheit: Niemand kann gleichzeitig zuhören, lesen und Bilder anschauen.

28. Pencil Selling erzeugt Spannung.

„Pencil Selling" beschreibt die sehr einfache Technik der bildhaften Verstärkung von Argumenten beim Vortragen. Man beschreibt ein Blatt Papier, und zwar so groß, daß es der Kunde problemlos lesen kann:

- Merkwörter
- Zahlen
- Vorteile
- Argumente in Stichwörtern

Symbolhafte Zeichnungen eignen sich besonders gut für die visuelle Verstärkung.

Beispiele:

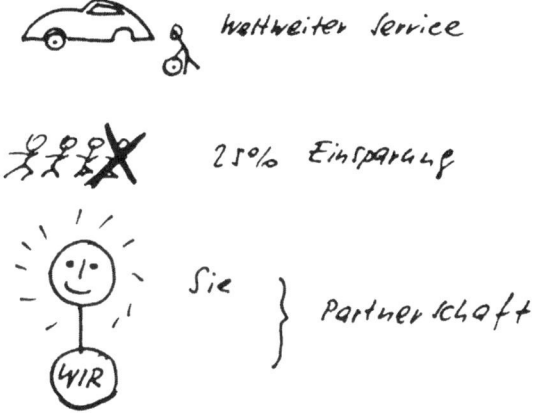

29. Mit Alibi-Offerten wird oft „Know-how-Klau" betrieben.

Es ist immer wieder erstaunlich festzustellen, wie viele Lieferanten bereit sind, ausführliche Offerten zu erstellen, ohne die geringsten Informationen zu verlangen. Da kann irgend jemand anrufen, sich als irgendwer ausgeben, irgendwelche Luftschlösser bauen, und prompt erhält er eine detaillierte Offerte. Komplett mit allen technischen Angaben und Preisen. Die Informationen, die der Empfänger aus dieser Offerte entnimmt, ermöglichen ihm eine gezielte Anfrage bei anderen Lieferanten, die er dann ihrerseits unter Preisdruck nimmt: „Ich habe da eine viel günstigere Offerte der Konkurrenz!"

Wieso erkundigt man sich nicht bereits am Telefon nach Einzelheiten? Wieso weicht man diesen „unangenehmen Fragen" aus?

Echte prospektive Kunden haben Verständnis, daß sie nähere Angaben machen müssen, bevor eine Lieferfirma mit großem Aufwand eine umfangreiche Offerte ausarbeitet. Es ist nicht unanständig oder unzumutbar, direkt zu fragen:

- *Was für ein Projekt steht bei Ihnen zur Diskussion?*
- *Wie groß sind Ihrerseits die Verkaufschancen?*
- *Wann soll das Projekt realisiert werden?*
- *Werden Sie noch bei anderen Lieferanten anfragen?*
- *Wie groß sind unsere Chancen?*
  usw.

Bevor der ganze Apparat zu einer aufwendigen – und kostspieligen – Angebotsausarbeitung in Bewegung gesetzt wird, geht der Außendienst-Verkäufer persönlich hin, um an Ort und Stelle abzuklären, wie realistisch die Anfrage ist. Zudem kann er die Spezifikationen möglicherweise noch zu seinen Gunsten beeinflussen.

30. Fragen Sie nach den Chancen.

Unternehmen, die im Verkauf erfolgreich sind, verlangen von ihren Außendienst-Verkäufern eine laufende Beurteilung der schwebenden Projekte nach ihren Chancen. Man will wissen, ob im Laufe der Projektbearbeitung die Verkaufschancen steigen, gleichbleiben oder sinken.

Wie will man diese Chancen beurteilen? – Man muß sich informieren: Es bleibt dem Außendienst-Verkäufer nichts weiter übrig, als den zuständigen Gesprächspartnern entsprechende Fragen zu stellen. Dabei soll variiert werden zwischen direkten, konstruktiven und emotionalen Fragen:

Direkte Fragen:
- *Wie beurteilen Sie unsere Offerte?*
- *Wie stehen wir im Vergleich zur Konkurrenz?*
- *Sind wir in der engeren Wahl? An welcher Stelle?*
- *Wie stehen unsere Chancen?*

Konstruktive Fragen:
- *Welche Informationen brauchen Sie noch, um entscheiden zu können?*
- *Was können wir noch tun, damit wir den Auftrag bekommen?*
- *Wer entscheidet?*
- *Bis wann wollen Sie entschieden haben?*

Emotionale Fragen:
- *Wie würden Sie rein gefühlsmäßig unsere Chancen beurteilen?*
- *Was haben Sie für ein Gefühl?*
- *Wie ist Ihre persönliche Meinung zu unseren Chancen?*
- *Was haben Sie für ein Gefühl gegenüber unserer Konkurrenz?* usw.

31. In vielen Fällen braucht es mehrere Schritte.

Jede Verkaufs- und Kundenbearbeitungs-Strategie hat ein und dasselbe Endziel: Verkaufen.

Nur kann man das meistens nicht in einem einzigen Schritt. Verkäufer machen oft den Fehler, bei jedem Besuch einen Verkauf, einen Vertragsabschluß anzustreben. Dieses Ziel ist zu hoch gesteckt. Entsprechend groß ist die Enttäuschung. Zudem müssen sie dann jedesmal auch innerlich wieder ganz von vorne beginnen.

Erfolgreicher und ökonomischer ist es, eine Kundenbearbeitungs-Strategie aufzubauen, die mehrere Gespräche und Besuche beinhaltet. Für jeden Besuch müssen Etappenziele gesetzt werden, die den Verkäufer Schritt um Schritt näher an das Endziel heranbringen.

32. Man soll nie schlecht über die Konkurrenz reden.

Erfahrene Verkäufer reden niemals unaufgefordert über die Konkurrenz. Fängt der Kunde davon an, gehen sie nur unwillig darauf ein. Stellt der Kunde bestimmte Fragen nach der Konkurrenz, gibt der Verkäufer selbstverständlich Antwort – er ist ja über seine Konkurrenz informiert –, aber er geht wieder zu seinem eigenen Geschäft zurück.

Erfolgreiche Verkäufer reden niemals schlecht über die Konkurrenz aus folgendem psychologischen Grund: Wenn man sagt: „Die Firma Z ist nicht so gut wie wir!", verweist man den Kunden auf direktem Wege an die Firma Z. Der Kunde will nämlich herausfinden, ob die Firma Z tatsächlich schlechter ist.

Richtig ist es, zu sagen: „Wir sind besser!" Mit einem Probeauftrag kann der Kunde diese Aussage prüfen.

33. Erfahrung ist nur so viel wert, wie sie im Moment noch taugt.

Altvertrautes muß oft abgelegt werden, weil sich die Voraussetzungen verändert haben. Neue Produkte und Dienstleistungen erfordern ein ständiges Up-Dating des Fachwissens. Lernbereitschaft und Lernfähigkeit müssen erhalten bleiben. Eine hohe geistige Flexibilität erhält auch den Körper jung, das ist wissenschaftlich erwiesen. Geistiges Training ist Voraussetzung für den Verkaufserfolg und zugleich die beste Garantie für eine gute Gesundheit.

34. Es kommt auf die richtige Weltanschauung an.

Eigentlich gibt es nur zwei Weltanschauungen:

1. Wir finden uns damit ab, daß unser Leben keinen Halt hat, etwa nach Heidegger: Wir kommen vom Nichts und gehen ins Nichts. Unser Leben ist ein Hineingehängtsein in das Nichts. Der Mensch ist allein in der teilnahmslosen Unendlichkeit des Universums, aus der er zufällig hervorgegangen ist.

2. Wir glauben – jenseits des für uns Sichtbaren und Erfaßbaren – an einen Schöpfer, wie immer der genannt wird. Wir akzeptieren, daß es außer den uns bekannten Dimensionen von Raum und Zeit noch andere Dimensionen gibt, auch wenn sie weder sichtbar noch beweisbar sind. In diesen Dimensionen liegt jedoch eine allgegenwärtige und durch alles hindurchwirkende Kraft. Finden wir Anschluß an diese Kraft, wirkt sie auf uns und durch uns hindurch auf andere Menschen. Zudem sind wir mit einer unerschütterlichen Zuversicht erfüllt.

Diese zweite Sicht nimmt uns Angst und Furcht, gibt uns Kraft und ein gesundes Selbstvertrauen.

35. Ehrlich währt am längsten.

Erfolgreiche Verkaufspersonen sagen nie bewußt die Unwahrheit. Sie riskieren sonst, daß es der Kunde doch irgendwann mal erfährt. Der damit verbundene Vertrauensverlust läßt den Kunden abspringen. Außerdem ist es bedeutend einfacher, bei der Wahrheit zu bleiben.

Sage nicht immer alles, was du weißt, aber wisse immer, was du sagst. (Matthias Claudius)

Emotionale Verkaufstechniken

Als Kunde oder als Kundin liebt man es gar nicht, wenn man plötzlich realisiert, daß im Verkaufsgespräch eine „Verkaufstechnik" anwendet wird. Man würde sich gegängelt, mißbraucht, über-den-Tisch-gezogen oder verschaukelt fühlen.

Als Konsumenten ziehen wir ganz natürliche Gespräche vor, die frei von Drängelei, Suggestivität und Manipulation sind. Wir möchten frei entscheiden und nicht gestoßen oder gedrängt werden.

In diesem Kapitel werden drei relativ neue Verkaufstechniken vorgestellt, die aus der Hirnforschung und Gesprächstherapie stammen und Kunden und Kundinnen rein emotional ansprechen.

Klassische Verkaufstechniken bleiben oft unwirksam

Es besteht immer noch die Meinung, klassische Verkaufstechniken gehörten zum Handwerk des Verkäufers. Die Ziele dieser Techniken sind sicher nach wie vor gültig.

Besonders die unter der „AIDA-Formel" vermittelten Verkaufstechniken:

AIDA = 1. Attention (Aufmerksamkeit erregen)
2. Interest (Interesse wecken)
3. Desire (mittels Demonstrationstechnik Kaufwunsch wecken)
4. Action (mittels Abschlußtechnik Kaufentscheidung herbeiführen)

haben in bestimmten Phasen eines Gesprächs sicherlich eine gewisse Bedeutung.

Die mehr „handwerklichen" Gesprächstechniken, wie z. B.:

• Einwand-Auflösungs-Technik (Ja, Sie haben recht, aber ...!)
• Preis-Einwand-Techniken (Zu teuer? Im Verhältnis zu was ...?)
• Fragetechniken (Finden Sie nicht auch, daß ...?)

sollten professionelle Verkäufer und Verkäuferinnen kennen. Sie dürfen diese aber nur ganz gezielt und subtil einsetzen, sonst wirken sie oft künstlich und auswendig gelernt und sind deshalb kontraproduktiv.

„Das Verkaufsgespräch" gibt es nicht. Auswendig gelernte, „heruntergespulte" Verkaufsgespräche machen aggressiv. Wirklich erfolgreiche Verkäufer haben schon immer bestätigt, daß „das Verkaufsgespräch" in der Praxis nicht exi-

stiert. Sie wissen, daß jedes Gespräch anders verläuft. Und zwar nicht nur in der Reihenfolge der Gesprächspunkte, sondern in allen Nuancen und Intensitäten.

An Verkaufsseminaren oft gehörte Sprüche, wie z. B. „Der Verkauf beginnt, wenn der Kunde ,Nein' sagt!", sind selten von praktischem Wert. Sie können den Verkäufern Mut machen, in schwierigen Situationen auszuharren, entsprechen aber nicht der realen Situation, wenn der Außendienstverkäufer seinen Besuch beim Kunden macht. Der frühere Vorwand: „Es liegt momentan nichts vor!" ist heute mehr und mehr brutale Realität. Es wird schwierig, künftigen Bedarf langfristig im voraus zu bestimmen. Bedarf tritt immer häufiger spontan und sporadisch auf. Man disponiert immer kurzfristiger. Da wird es mehr und mehr zur Regel, daß bei einem Kundenbesuch tatsächlich kein aktueller Bedarf vorliegt.

Allgemeine Fragetechniken sind zwar sinnvoll und notwendig, oft aber auch problematisch, wenn sie nicht zur Situation passen. Stereotype Fragen, wie z. B.: „Kann ich Ihnen helfen?", „Wieviel wollen Sie denn ausgeben?", „Was haben Sie sich vorgestellt?", „Was darf ich Ihnen zeigen?", „Zu teuer? Wie meinen Sie das genau?", wirken oft künstlich, unglücklich und unangenehm.

Fragetechniken wirken oft provozierend und abstoßend.

Besser ist es, natürliche Fragen zu stellen, ohne eine bestimmte Technik. Bedürfnisse und Wünsche der Kunden müssen mit Fragen abgeklärt werden, sonst riskiert man, dem Kunden oder der Kundin etwas Falsches zu zeigen und anzubieten. Solche Sachfragen sollten von den Herstellern und Lieferanten den Verkäufern und Verkäuferinnen in Form von Checklisten zur Verfügung gestellt werden. Solche Fragechecklisten können nicht an allgemeinen Verkaufsseminaren erarbeitet werden, denn es handelt sich um spezifische Sachfragen, die jeweils eine Branche, ein Produkt oder eine Dienstleistung betreffen.

Ein neues Einkaufsverhalten bedingt neue Techniken

Die Kundinnen und Kunden haben ihr Einkaufsverhalten in letzter Zeit stark geändert. Sie wollen keinesfalls bedrängt, gestoßen oder beeinflußt werden. Sie wollen ihre Entscheidungen unabhängig und frei treffen. Sie wollen in Ruhe überlegen, mehrere Optionen miteinander vergleichen und schließlich zu dem Zeitpunkt entscheiden, den sie für angebracht halten. Kunden wollen ohne schlechte Gefühle wieder nach Hause gehen können, auch wenn sie nichts gekauft haben. Falls sie gegenüber dem Anbieter ein schlechtes Gewissen bekommen, wenn sie nichts kaufen, trauen sie sich oft nie mehr, in das Geschäft hineinzugehen. Sie haben Angst, daß man sie bedrängt und ihnen böse ist, wenn sie nichts kaufen. Dies ist einer der Hauptgründe, warum gewisse Geschäfte leer bleiben. Wenn das die Besitzer nur wüßten!

Abschlußtechniken können kontraproduktiv sein. Falls ein an sich entschlossener Kunde oder eine Kundin mit dem Kaufentscheid noch etwas zögert, kann der Verkäufer oder die Verkäuferin durchaus einen kleinen „Schubs" geben, um ihn oder sie zum Kauf zu ermuntern. Das muß aber sehr einfühlsam, subtil und unaufdringlich erfolgen. Grundsätzlich will man eher nicht zu einem Kaufentscheid gedrängt werden.

Wenn überhaupt noch von Verkaufstechniken die Rede

sein kann, handelt es sich um Techniken, die niemals als solche erkannt werden können. Es sind *emotionale Verkaufstechniken.* Eigentlich sind es gar keine wirklichen Techniken. Es ist das Spüren und Erkennen des Verkäufers, was sich im Kunden abspielt, und die entsprechende Anpassung der Vorgehensweise im Sinne des Emotional Selling.

Was Kunden und Kundinnen emotional erwarten

Jeder Mensch hat gewisse innere Veranlagungen und Dispositionen. Seine Persönlichkeits- und Charakterstruktur bestimmt seine Erwartungshaltung anderer Menschen gegenüber. So auch gegenüber den Verkäufern und Verkäuferinnen.

Man erwartet unbewußt ein individuelles Verständnis und ein angenehmes, sympathisches Verhalten. Erhält man das nicht, empfindet man das als Unsensibilität, Desinteresse oder Unverständnis und fühlt sich eher abgestoßen.

Je nach Veranlagung und Typus verlangen Menschen ganz unterschiedliche Dinge, die sie als natürlich, angenehm und angemessen empfinden.

Die emotionalen Erwartungen der Kunden und Kundinnen sind sehr unterschiedlich, je nach ihrer Persönlichkeitsstruktur.

Jeder Mensch entscheidet unbewußt für sich, was er an anderen Menschen sympathisch findet und was weniger.

Die emotionale Annäherung

Die Projektion im psychologischen Sinne läßt uns von anderen Menschen das erwarten, was wir selber sind. Wir denken, fühlen und handeln, so wie das unserer inneren Disposition entspricht. Und genau das projizieren wir ganz unbewußt auf andere Menschen. Diejenigen Menschen, die dem entsprechen, was wir auf sie projizieren, sind uns auf Anhieb sympathisch. Sie entsprechen uns. Sie sind wie wir selbst. Sie sind unseresgleichen.

Kein Wunder, daß dieser psychologische Mechanismus in allen Facetten der zwischenmenschlichen Kommunikation eine wirklich entscheidende Rolle spielt. Erkennt man die Projektion des anderen Menschen, kann man sich ganz auf diese einstellen und ihm emotional das geben, was er insgeheim und unbewußt erwartet. So wird sehr schnell ein *emotionaler Rapport* hergestellt. Es erfolgt eine emotionale Annäherung.

Es wird einem warm ums Herz. Man fühlt sich akzeptiert und verstanden. Man fühlt sich unter seinesgleichen. Eine ideale Kaufatmosphäre! So sind die Voraussetzungen bald gegeben, daß es zu einem Kaufentscheid kommt.

Kunden und Kundinnen fühlen sich zu einem derartigen Umfeld immer wieder hingezogen, weil es „ihr eigenes Umfeld" ist. Sie fühlen sich emotional zu Hause. Ein Geschäft, das sein Verkaufspersonal in dieser Hinsicht trainieren läßt, so daß alle erkennen, was ein bestimmter Kunde oder eine Kundin emotional erwartet, wirkt wie ein Magnet. Die Leute kommen immer wieder in dieses Geschäft, und sie wissen eigentlich gar nicht so recht, warum.

Im Einzelhandel ist das Erkennen und Befriedigen der emotionalen Erwartungen jedes einzelnen Kunden und jeder einzelnen Kundin das Wichtigste. Es ist der Magnet, der die Kundschaft immer wieder anzieht.

Originelle und innovative Aktionen im Sinne der Verkaufsförderung, neue und attraktive Produkte, günstige Preise und andere Kriterien des Marketings üben selbstverständlich auch eine gewisse Magnetwirkung auf die Kundschaft aus. *Nichts aber kann die individuelle Erfüllung der emotionalen Erwartungshaltung jeder einzelnen Kundenpersönlichkeit ersetzen.* Wer die emotionalen Ansprüche seiner Kundschaft individuell befriedigen kann, hat eine große Chance, daß sein Laden immer voll ist.

Gemeint sind jetzt nicht so sehr die allgemeinen emotionalen Erwartungen (angenehme Atmosphäre, herzliche Freundlichkeit, Zuwendung usw.). Daß eine positive Einstellung und Grundhaltung vom Verkaufspersonal allgemein erwartet wird, ist selbstverständlich. Eine positive Einstellung zu sich selbst, zum Leben und zu anderen Menschen sind unabdingbare Voraussetzungen für das gesamte Verkaufspersonal.

Wer nicht lächeln kann, darf keinen Laden aufmachen.
(chinesisches Sprichwort)

Griesgrämige, frustrierte und vorwiegend negativ eingestellte Menschen eignen sich nicht für den Verkauf und schon gar nicht für das Emotional Selling.

Zusätzlich zu diesen allgemeinen emotionalen Erwartungen der Kundschaft existieren ganz individuelle, teils sehr unterschiedlich gelagerte, konkrete emotionale Erwartungen. Diese Erwartungen können mit wissenschaftlich abgesicherten Techniken erfüllt werden.

Im folgenden werden drei emotionale Verkaufstechniken behandelt, die aus der Hirnforschung und Gesprächstherapie stammen und sich für das Emotional Selling sehr gut eignen:

- *Das Struktogramm*
- *NLP (Neurolinguistisches Programmieren)*
- *Aktives Zuhören nach Carl Rogers*

Emotional Selling mit dem Struktogramm

Das Struktogramm basiert auf jüngeren Erkenntnissen der Hirnforschung, daß nämlich die drei Gehirnteile: Stammhirn, Zwischenhirn und Großhirn gewisse Eigenschaften bestimmen, die das menschliche Gesamtverhalten entscheidend beeinflussen.

Die drei Gehirnteile sind selbständige, eigenwillige Organe, die bei ihrem notwendigen Zusammenwirken oft in Widerstreit miteinander geraten. Hieraus erklären sich manche Komplikationen und Widersprüche im menschlichen Verhalten.

Zugleich findet sich hierin aber auch der Schlüssel für die individuellen Unterschiede in der menschlichen Persönlichkeit. Denn, wenn auch bei jedem Menschen die drei Gehirnteile zusammenwirken, so sind sie dabei doch nicht völlig gleichberechtigt. Beim einen wird sich der eine, bei einem anderen der andere Gehirnteil stärker durchsetzen. Dieses unterschiedliche Gewicht im Zusammenspiel, das zumindest beim Erwachsenen in der Regel unveränderlich ist und damit die Persönlichkeit in ihrer individuellen Eigenart kennzeichnet, wird durch das Struktogramm ermittelt und sichtbar gemacht.

Der Anthropologe Rolf W. Schirm hat in Zusammenarbeit mit dem amerikanischen Gehirn- und Verhaltensforscher Paul MacLean die Erkenntnis gewonnen, daß bei einer bestimmten Person meistens *ein* Hirnbereich dominiert, der Beitrag eines anderen geringer ist und der dritte kaum angesprochen wird, je nach Situation. Zwar hat jeder Mensch alle drei Gehirne zur Verfügung, aber meist setzt sich *ein* Gehirn stärker und häufiger durch:

- **Das Stammhirn (instinktiv-gefühlsmäßig)**
- **Das Zwischenhirn (impulsiv-emotional)**
- **Das Großhirn (kühl-rational)**

Jedes dieser drei Gehirne hat seine eigene Intelligenz, seine eigene Zielvorstellung, sein eigenes Gedächtnis und andere ihm eigene Funktionen. An jedem menschlichen Verhalten und an jeder Reaktion sind jeweils alle drei Hirnbereiche beteiligt. Das Überwiegen *eines* Gehirns prägt das Verhalten eines Menschen in charakteristischer Weise und kennzeichnet seine Persönlichkeit.

Ca. 90 % der Menschen werden von *einem Gehirnteil* stark dominiert. Sie lassen sich leicht erkennen und einschätzen. Die restlichen 10 % sind eher neutral, d. h. die Komponenten sind gleichmäßig verteilt.

Je stärker jemand von einem der drei Gehirnteile dominiert ist, desto leichter läßt er sich nach dem Struktogramm einschätzen.

Für das Struktogramm wurden den Gehirnteilen willkürlich drei Farben zugeordnet, wobei eine gewisse Farb-Symbolik dieser Wahl entspricht:

Grün = Stammhirn-dominiert, die natürliche Farbe
Rot = Zwischenhirn-dominiert, die dynamische Farbe
Blau = Großhirn-dominiert, die kühle Farbe

Diese Farben haben nichts mit einer politischen Einstellung und auch nichts mit der Farbtheorie von Prof. Lüscher zu tun. Sie erleichtern einfach das Einordnen und Beschreiben der drei Gehirnteile.

Das Struktogramm ist keinesfalls eine Wertung. Es gibt nach dem Struktogramm kein „gut" und kein „weniger gut". Man hat einfach mehr von einer Farbe auf Kosten einer anderen. Die Summe der drei Farben bleibt immer gleich. Es kann jemand einen sehr großen Anteil einer Farbe haben und wird entsprechend von ihr dominiert. So jemand ist sehr schnell und leicht einzuschätzen.

Andere können z. B. von zwei Farben hohe Anteile, von der dritten Farbe jedoch nur einen ganz kleinen Anteil haben. Sie sind auch gut einzuschätzen, weil sich die beiden dominierenden Farben im Verhalten zeigen.

Jemand, der von allen drei Farben je einen Drittel-Anteil hat, läßt sich nicht einschätzen. Er wird von keiner Farbe dominiert und kann – je nach Bedarf – die eine oder andere Farbe „abrufen". Nach der bisherigen Erfahrung betrifft das jedoch lediglich 5–10 % aller Menschen. Alle anderen werden mindestens von einer Farbe dominiert.

Für das Erkennen der eigenen Stärken und Schwächen ist eine ausführliche Analyse unter der Anleitung von speziell ausgebildeten Trainern unerläßlich. Dabei wird festgestellt, wie groß die drei Farbanteile sind und wie sie zusammenwirken. Ganz grob kann jeder aus der nachfolgenden Beschreibung – auch ohne Analyse – sofort erkennen, welche Farbe bei ihm dominiert.

Zu beachten ist, daß das Struktogramm keinen umfassenden Persönlichkeitsanalyse darstellt. Es deckt lediglich vier Ebenen ab, denen entsprechend der Dominanz einer Farbkomponente bestimmte Merkmale zugewiesen werden.

Übersicht über die drei Gehirnkomponenten und deren Merkmale in vier Ebenen

Ebene	GRÜN	ROT	BLAU
Aufgabe	Tendenz zu Selbst-erhaltung	Tendenz zu Selbst-behauptung	Tendenz zu Selbst-bestimmung
Zeitbezug	Vergangenheit	Gegenwart	Zukunft
Sozial-Beziehung	Bedürfnis nach Kontakt	Bedürfnis nach Kontakt und Dominanz	Bedürfnis nach Distanz
Anspruch	Territorium (eigener Raum)	Status (Anerkennung)	Wissen (eigenes Können)

Mit Hilfe dieser Übersicht kann man sich selbst erkennen – ob man ROT-, GRÜN-, oder BLAU-dominiert ist (falls man es ist). Wird man von keiner Farbe dominiert, kann man das eigene Struktogramm nur mit einer Analyse ermitteln. Andere Menschen können anhand der Übersicht ebenfalls eingeschätzt werden, falls eine Farbe dominiert. Wie erwähnt sind das ca. 90%. Das heißt also, daß man die meisten Menschen leicht einschätzen kann.

Für den Verkauf bedeutet das, daß man – falls man einen Kunden oder eine Kundin als GRÜN-, ROT- oder BLAU-dominiert erkannt hat – ziemlich gut beurteilen kann, was die Person emotional erwartet. Der Verkäufer oder die Verkäuferin kann sich entsprechend auf die Person einstellen und ihr das geben, was sie unbewußt verlangt.

Bestimmte Reaktionen und Verhaltensweisen der Kunden und Kundinnen sind keine Überraschungen mehr. Kann man jemanden nach dem Struktogramm erkennen und einschätzen, sind bestimmte Verhaltensweisen und Reaktionen oft sogar vorauszusehen.

Das gibt eine größere Sicherheit im Umgang mit den Kunden und Kundinnen. Man bezieht außergewöhnliche Reaktionen nicht mehr auf sich selbst, sondern erwartet sie geradezu.

GRÜNE Kunden und was sie erwarten

Stammhirndominierte GRÜNE Menschen haben starke Instinkte. Sie legen Wert auf Essen und Trinken, gastfreundschaftliche Rituale sind ihnen wichtig.

Sie haben einen Hang zu Komfort und Bequemlichkeit, suchen Ruhe, Sicherheit und Geborgenheit.

GRÜNE sind vergangenheitsorientiert. Sie bauen auf Bekanntes, lassen sich von Erfahrungen bestimmen und meiden radikale Veränderungen. Sie schöpfen aus ihrem Erfahrungsschatz und lieben Traditionen. Zeremonielle, vertraute Gebräuche sind bei ihnen groß angeschrieben. Sie hängen stark an alten Bekanntschaften und Erinnerungen. Sie haben oft Angst vor Umstellungen und Neuerungen. Sie fürchten Probleme und Schwierigkeiten und sind skeptisch gegenüber Neuem und Unerprobtem.

GRÜNE lieben den Kontakt mit Menschen. Sie fühlen sich getragen von einer Vielzahl von Menschen, die sie mögen. Ihr „Fanclub" ist ihnen wichtig. In einem Verein oder Club fühlen sie sich geborgen. Sie haben ein Gespür für Menschen und sind beliebt. Sie wirken auf Anhieb sympathisch. Sie sind an Menschen, ihren Lebensumständen und Schicksalen interessiert. Sie sind oft leutselig und legen Wert auf menschliche Wärme und Nähe. Sie senden viele Signale aus und erwarten sich ein Echo. Sie wollen, daß man ihnen gut zuredet und sie beschwichtigt.

GRÜNE möchten einen eigenen Raum haben. Es liegt ihnen viel an einem reservierten Parkplatz, einem Stammplatz im Lokal. Sie mögen es gar nicht, wenn ihnen jemand diesen Platz wegnimmt.

Das Verhalten der GRÜNEN bei Kaufentscheiden:

- Sie schätzen unkomplizierte Erklärungen.
- Sie orientieren Ihre Kaufwünsche oft an Fremdeinflüssen.
- Sie „kommen auf Empfehlung".
- Referenzen sind ihnen wichtig.
- Sie brauchen Zeit bis zum endgültigen Entschluß.
- Sie suchen den Verkäuferkontakt erst, nachdem sie bereits eine Vorentscheidung getroffen haben.
- Sie haben ein schlechtes Gewissen, wenn sie nichts kaufen.
- Sie möchten nicht unangenehm auffallen.
- Sie trauen sich nicht unbedingt, unbequeme Fragen zu stellen.
- Sie brauchen einen kleinen „Schubs", damit sie sich zum Kauf entschließen, im Sinne von: „Machen Sie sich doch die Freude, Sie werden sehen, es wird Sie glücklich machen!"
- Sie sind meistens treue Kunden, wenn sie einmal gekauft haben.
- Sie kommen oft aus Tradition immer wieder.

Einen GRÜNEN Kunden darf man überhaupt nicht drängen. Man darf ihm auch keine allzu ausführlichen Unterlagen zum Studieren geben. Man muß ihm oder ihr gut zuhören. In der Abschlußphase muß man sich zurücknehmen und ihm oder ihr gut zureden. GRÜNE Kunden muß man beruhigen, daß „alles schon in Ordnung kommen wird, daß sie ruhig schlafen können".

ROTE Kunden und was sie erwarten

Zwischenhirndominierte ROTE Menschen wollen sich selbst und andere immer ganz klar positionieren. Dabei gibt es nur schwarz-weiß, positiv-negativ, Freund-Feind und nichts dazwischen. Die Wahrnehmungen und Reaktionen der ROTEN sind emotionsbeladen und spontan. Je nachdem polarisiert sich das Verhalten zwischen Angst, Aggression, Angriff oder Flucht.

ROTE sind gegenwartsorientiert. Sie leben im Hier und Jetzt. Sie erfassen die Möglichkeiten des Augenblicks und können sie nutzen. Sie reagieren dabei spontan und unmittelbar, wenig gebremst durch lange Überlegungen. Geduld ist nicht ihre Stärke. Sie sind entschlußfreudig und risikobereit.
Ihre Dynamik steckt an und reißt mit. Sie brauchen Aktivität, und zwar immer sofort. Sie probieren Neues spielerisch aus, ohne lange zu überlegen.

ROTE möchten in Gruppen dominieren. Sie haben eine starke natürliche Autorität. Sie wollen sich mit anderen messen und geben nicht so leicht auf. Sie haben einen starken Willen, sich durchzusetzen. In kritischen Situationen hört man auf sie, und sie werden oft um Rat gefragt. Sie sind geradlinig und vertreten ihre Meinung meist fest und kompromißlos. Man weiß bei ihnen, woran man ist. Diplomatie ist nicht ihre Stärke. Sie wollen „Nägel mit Köpfen" machen, die Dinge anpacken. Es liegt ihnen nicht, lange über sie zu grübeln.

ROTE lieben Statussymbole. Sie möchten, daß man ihren Status erkennt und anerkennt. Sie fahren gerne schöne Autos, lieben schöne Kleidung, Schmuck und alles, was nach außen auffällt. Sie mögen Ehrennadeln und Orden.

Das Verhalten der ROTEN bei Kaufentscheiden:

- Sie wollen sofort einen groben Überblick: „Was kostet das ganze?"
- Sie langweilen sich meist bei Einzelheiten.
- Sie möchten das Neueste, Beste und Größte.
- Sie möchten zu den ersten gehören, die etwas Neues haben.
- Der Aspekt des Prestiges ist wichtig.
- Sie suchen Überlegenheit und Vorsprung.
- Sie finden sich in der Theorie nicht gut zurecht.
- Sie wollen greifbare, handfeste und praxisnahe Vorschläge.
- Sie ziehen Muster und Modelle gegenüber Plänen vor.
- Sie haben wenig Schwellenangst.
- Sie können sich spontan und sprunghaft für etwas interessieren.
- Sie möchten sofort entscheiden und „es" dann sofort besitzen.
- Sie können einen Entscheid auch schnell widerrufen.
- Sie haben oft starke Vorurteile und möchten nicht ihr Gesicht verlieren.

Einen ROTEN Kunden darf man nicht mit Einzelheiten langweilen. In der Abschlußphase muß man einen ROTEN Kunden um den Auftrag bitten und darf ihn nicht ohne Kauf gehen lassen. Man muß ihm klarmachen, daß der jetzige Moment der günstigste ist!

BLAUE Kunden und was sie erwarten

Großhirndominierte BLAUE Menschen sind eher frei von Instinkten und Emotionen beim Wahrnehmen der Signale, die von außen kommen. Sie können sich so eher ein objektives Weltbild bauen.

Sie erfassen schnell das Wesentliche, überblicken Zusammenhänge und erkennen Ordnungsgesetze hinter scheinbar zusammenhanglosen Einzelheiten.

BLAUE sind zukunftsorientiert. Sie nehmen die Zukunft gedanklich vorweg und sind der Gegenwart immer schon ein Stück voraus. Sie tun kaum etwas ohne Planung, ohne Durchdenken der künftigen Entwicklung. Sie prüfen seriös alle Möglichkeiten und Konsequenzen, stecken alle Risiken ab und tun sich deshalb schwer zu entscheiden. Sie neigen zum Perfektionismus und möchten ihre Entscheidungen gegen alle denkbaren Risiken absichern. Sie haben die Tendenz, sich um die Zukunft Sorgen zu machen.

BLAUE wollen Distanz. Sie wollen ihre eigene Persönlichkeit gegenüber anderen abgrenzen und sich in ihrer Individualität verwirklichen. Im Kontakt mit Fremden sind sie zurückhaltend, es dauert eine ganze Weile, bis sie warm werden. Sie wirken nicht gleich beim ersten Eindruck auf andere, sondern gewinnen erst bei näherem Kennenlernen. Sie sind sensibel und oft verletzlich. Aber man kann ihnen ihre

Gefühle nicht anmerken. Sie haben eine Neigung zu scharfen, ironischen Formulierungen, die oft empfindlich treffen. Sie können aber auch sich selbst gegenüber ironisch sein. Sie geben sich nicht mit Oberflächlichem zufrieden, sondern suchen nach Hintergründen und Zusammenhängen, die sie gut erfassen. Sie können ihr Wissen sprachlich präzise vermitteln.

Das Verhalten der BLAUEN bei Kaufentscheiden:

- Sie denken eher abstrakt und wollen alle Einzelheiten und Zusammenhänge genau und detailliert wissen.
- Sie wollen Pläne, detaillierte Prospekte, Anleitungen und Gebrauchsanweisungen studieren.
- Sie ziehen sachliche Klarheit persönlichem Kontakt vor.
- Sie schätzen es nicht, wenn man ihnen persönlich auf den Leib rückt, und mögen es überhaupt nicht, wenn man sie anfäßt.
- Sie bleiben kühl und sachlich, sind emotional kaum beeinflußbar.
- Sie verlangen Beweise (Schriftstücke und Referenzen).
- Sie lassen sich nicht unter Druck setzen, sondern wollen abwägen.
- Sie haben eine Abneigung gegen Überflüssiges, Verspieltes, Unzweckmäßiges, Undurchdachtes.
- Sie suchen Perfektion, auch Details müssen stimmen.
- Sie sind interessiert an völlig neuen Ideen und Entwicklungen.
- Sie bevorzugen Sachinformationen in Form von Tests und Prüfungen.
- Sie brauchen eine lange Vorphase zur Prüfung vieler Alternativen.
- Sie wollen erst über einen Kauf reden, nachdem Sie bereits eine Vorentscheidung gefällt haben.

- Sie suchen bis zuletzt nach einer Bestätigung für ihre Entscheidung und bleiben selbst danach noch zweifelnd.
- Sie wollen sich vor einem Kaufentscheid eher zurückziehen.

Einem BLAUEN Kunden muß man sehr viel Zeit widmen.
Man darf keinesfalls ungeduldig werden, wenn er immer noch weitere Informationen verlangt. In der Abschlußphase sollte man ihm anbieten, „sich alles in Ruhe zu überlegen" und dann wiederzukommen, sofern man sicherstellen kann, daß er in der Zwischenzeit keine andere Entscheidung trifft. Nachdem ihm das in Aussicht gestellt wurde, kauft er meist wirklich.

Es müßte jetzt eigentlich hinreichend begründet worden sein, warum die klassischen Verkaufstechniken nicht generell angewendet werden können und deshalb problematisch geworden sind.
Nehmen wir das Beispiel eines BLAUEN Kunden. Da versagen alle Abschlußtechniken. Sie wären sogar kontraproduktiv.
Bei einem GRÜNEN Kunden würden die Einwand-Auflösungs-Techniken schlecht ankommen. Er will keinen Widerspruch, sondern Beruhigung und Beschwichtigung, wohingegen ein BLAUER eher Gegenargumente akzeptiert.
Bei einem ROTEN Kunden gelten nur die beiden letzten Punkte der AIDA-Formel. Interesse und Aufmerksamkeit brauchen bei ihm wirklich nicht geweckt zu werden, die sind bereits vorhanden, wenn er in ein Verkaufsgespräch einsteigt! Die Demonstrationstechnik ist insofern sinnvoll, als man in kürzester Zeit das Wesentliche zeigen soll. Die Abschlußtechnik wiederum ist beim ROTEN Kunden mehr als angebracht. Wenn man einen roten Kunden gehen läßt, ohne daß er gekauft hat, riskiert man, daß er bei der Konkurrenz kauft.

Auf gar keinen Fall darf man bei einem Kunden oder einer Kundin irgendeine „Verkaufstechnik" anwenden oder sonst irgendein Vorgehen praktizieren, bevor man nicht einigermaßen die Persönlichkeitsstruktur und die entsprechenden emotionalen Erwartungen erkannt hat.

Zusammenfassung Struktogramm

1. Man muß immer versuchen zu erkennen, ob der Kunde oder die Kundin zu GRÜN, ROT oder BLAU tendiert.

2. GRÜNE sind traditionell, lieben Wärme und Nähe und wollen, daß man ihnen gut zuredet. Sie wollen nicht bedrängt werden, man muß sie beruhigen und beschwichtigen.

3. ROTE sind spontan, ungeduldig und wollen gleich einen gesamten Überblick. Sie entscheiden schnell. Einen Roten muß man zum Abschluß bringen, sonst geht er zur Konkurrenz.

4. BLAUE sind exakt und wollen alles genau wissen. Man muß ihnen viel Zeit widmen und darf sie in ihrer Entscheidung überhaupt nicht beeinflussen wollen. Im Gegenteil: Man kann ihnen vorschlagen, sie sollen sich alles noch einmal in Ruhe überlegen. Zugleich sollte man ihnen das Versprechen abnehmen, daß sie sich nicht anderweitig entscheiden. Meist werden sie sich an diese Abmachung halten und daraufhin kaufen.

Emotional Selling mit NLP

Mitte der siebziger Jahre schlossen sich der Computerfachmann und Gestaltpsychologe Richard Bandler und der Linguist und Semantiker John Grinder zusammen. Sie wollten die zum Teil phänomenalen Heilungserfolge einiger der bekanntesten Therapeuten, wie Fritz Perls, Milton Erickson oder Virginia Satir, untersuchen. Dabei standen nicht Therapiemethoden im Vordergrund, sondern vielmehr das *Wie.* Wie verhielten sich diese Therapeuten? Wie reagierten sie? Wie sagten sie etwas? Kurzum: Wie sieht ihre Erfolgsrezept aus?

Die Ergebnisse der umfassenden und minutiösen Studien ergaben eine neue Form der Kurzzeit-Therapie, nämlich das *Neurolinguistische Programmieren (NLP).* „Neuro" bezieht sich auf die Funktionsweise des Nervensystems, „linguistisch" auf die Art und Weise, wie bestimmte Wörter in der Kommunikation verwendet werden. „Programmieren" schließlich bezieht sich auf die Methoden, mit deren Hilfe neue Kommunikationsmöglichkeiten erlernt werden können. NLP ist eine neue Kommunikationstechnik. Sie basiert auf den folgenden Erkenntnissen:

Jeder Mensch hat seine eigene Vorstellung von der Realität, seine eigene mentale „Landkarte". Der Mensch nimmt Informationen von außen durch seine Sinne auf und stellt sich selbst eine mentale Landkarte her, die mehr oder weniger mit der äußeren Welt übereinstimmt. Diese mentale Landkarte wird zu seiner eigenen Realität. Welche Informationen auch immer durch diese Landkarte hindurchgefiltert werden: Was bleibt, ist für ihn die wahre Wirklichkeit.

Wenn es nun gelingt, diese Landkarte eines Menschen zu erkennen, können wir durch seinen eigenen Filter hindurch Zugang zu ihm finden. Er nimmt uns an als ein ihm entsprechender, gleichartiger Mensch, weil wir die gleiche mentale Landkarte verwenden wie seine eigene. Wir können mit ihm einen *sofortigen emotionalen Konsens* erzielen (in der NLP-Terminologie „Rapport" genannt). Dadurch entsteht sehr früh Vertrauen.

Nach NLP benutzt jeder Mensch einen bevorzugten Kommunikationskanal. Die einen vertrauen mehr auf das, was sie sehen, die anderen mehr auf das, was sie hören, und die dritten eher auf das, was sie empfinden. Wenn wir den bevorzugten Kommunikationskanal einer Person erkennen, können wir mit ihr auf entsprechende Weise kommunizieren. Wir erleichtern es ihr aufzunehmen, zu absorbieren und zu glauben, was wir ihr sagen. Der NLP-Begriff „Pacing" bedeutet, „im gleichen Schritt zu gehen" wie der Partner. Man versucht, sich ganz ähnlich zu verhalten wie er, ohne die eigene Persönlichkeit zu verleugnen oder den Partner nachzuahmen oder ihn zu irritieren. Durch dieses Gleichschalten wird der Rapport noch verstärkt. Für das Emotional Selling eignet sich diese Methode in hervorragender Weise.

Pacing – die Kunst des Gleichschritts

Gelingt es, mit dem Verhalten eines Kunden einen inneren Gleichschritt zu erzielen, kommt man ihm emotional näher. Man darf ihn dabei nicht imitieren oder nachäffen. Man zeigt ihm lediglich diejenige Seite, die ihn am meisten anspricht, ohne ihn zu irritieren.

Körpersprachsignale dürfen nicht immer direkt wiedergegeben werden, aber man nimmt einfach eine ähnliche Haltung ein wie der Kunde oder die Kundin. Man zeigt eine ähnliche Mimik und Gestik wie die Person selbst zeigt.

Dabei untertreibt man lieber als zu übertreiben. So wird die Person nicht bewußt erkennen, was man tut. Sie wird sich aber wohl fühlen, weil sie unbewußt Ähnlichkeiten in der Person des Verkäufers oder der Verkäuferin wahrnimmt.

Man kann beobachten, z. B. in einem Restaurant, wie verschiedene Paare unterschiedliche oder gleiche Körpersprachsignale aussenden. Man kann – ohne das Gespräch zu hören – sehr schnell beurteilen, wie die emotionale Beziehung beschaffen ist. Paare, die Beziehungsprobleme haben, sind unharmonisch in ihrem körpersprachlichen Verhalten. Sie sind unkoordiniert und senden unterschiedliche Signale aus. Liebespaare senden intuitiv die gleichen Körpersprachsignale aus. Sie lehnen sich in die gleiche Richtung, bewegen sich synchron und versuchen sogar, im gleichen Rhythmus miteinander zu essen und zu trinken. Selbst der Atem geht bei Liebespaaren fast synchron.

In Japan wird dem Atem eine große Bedeutung beigemessen. Geschäftliche Sitzungen werden oft eröffnet, indem man zuerst miteinander atmet: gleichzeitig ein-aus, ein-aus. Das erzeugt ein Klima der Harmonie und Übereinstimmung. Untersuchungen sollen gezeigt haben, daß bei Sitzungen, die so beginnen, die Teilnehmer unwichtige Dinge übergehen und sich auf die wesentlichen Punkte konzentrieren.

Shiatsu, eine japanische Form von Massage, hat nicht zuletzt deshalb eine so starke Wirkung, weil der Masseur während der ganzen, zweieinhalbstündigen Massage gleich atmet wie sein Patient. Man muß eine solche Massage selbst erlebt haben, um das Glücksgefühl und außerordentliche Wohlbefinden (Wellness) zu kennen, das man verspürt.

Pacing der Körperhaltung und Gestik

Geht jemand nervös auf und ab, kann man ja nicht ebenfalls neben dieser Person auf- und abgehen. Das würde sofort als peinlich empfunden, und die Person würde denken, daß man sich über sie lustig macht. Aber wenn man betont ruhig stehen bleibt, wirkt man nicht positiv auf die Person. Sich leicht zu bewegen wäre besser.

Sitzt jemand mit verschränkten Armen auf einem Stuhl, kann man mit der Zeit ohne weiteres ebenfalls diese Haltung einnehmen.

Um zu sehen, ob man emotionalen Rapport herstellen konnte, gibt es eine lustige Übung. Wenn beide sitzen, versuche man einmal, ganz leicht mit einem Fuß zu wippen. Wenn die andere Person auch beginnt, mit ihrem Fuß zu wippen, ist der Beweis erbracht, daß der emotionale Rapport hergestellt ist. Das klingt vielleicht unglaublich und grotesk, aber es funktioniert tatsächlich!

Pacing der Lautstärke

Es gibt Menschen, die sehr laut reden. Sie haben einfach diese Gewohnheit. Sie passen die Lautstärke auch nicht den Räumlichkeiten an. Für die meisten anderen Menschen „tönen sie zu laut".

Wenn man mit solchen Menschen leise spricht, wirkt man unbewußt schwach, unsicher und zurückhaltend auf sie. Es empfiehlt sich deshalb, die eigene Lautstärke zu erhöhen. Nicht aber daß man einen Kunden, der einen vor Wut und Ärger anbrüllt, ebenfalls anschreit!

Andere sprechen von Natur aus leise. Sie sind immer ein wenig zu leise, und man kann sie oft schwer verstehen. Aber es ist ihr Naturell.

Spricht man mit solchen Menschen laut, wirkt man unbewußt dominant, störend und aufdringlich auf sie. Man sollte deshalb die eigene Lautstärke zurücknehmen.

Pacing der Sprechgeschwindigkeit

Manche sprechen sehr schnell. Nicht nur, wenn sie unter Streß stehen, sondern ständig – einfach, weil es ihrem Temperament entspricht. Für manche sprechen sie zu schnell. Besonders wenn sie Vorträge halten, ist es anstrengend, ihnen zuzuhören.

Spricht man mit solchen Menschen langsam, wirkt man unbewußt auf sie eher schwer von Begriff, dumm und träge. Man sollte ebenfalls etwas schneller sprechen. So wird man ihresgleichen.

Andere sprechen langsam. Das hat nichts mit Intelligenz zu tun. Es gibt hochintellektuelle Leute, die sehr langsam sprechen. Der schweizerische Dichter Friedrich Dürrenmatt hat außerordentlich langsam gesprochen in seinen Vorträgen und Interviews.

Spricht man mit einem solchen Menschen schnell, hört sich das für ihn an wie eine Schallplatte, die man zu schnell laufen läßt. Es empfiehlt sich, das eigene Sprechtempo zu senken und der Person anzupassen.

Der bevorzugte Kommunikations-kanal

Informationen aus der Außenwelt nehmen wir über unsere fünf Sinne auf. Oft werden mehrere Sinne zugleich angesprochen. Textilien z. B. sehen wir uns an, möchten sie aber gleichzeitig anfühlen. Die Suppe schmeckt, aber auch den

Duft nehmen wir wahr. Nach der NLP-Forschung zieht jeder Mensch *einen* bestimmten Kommunikationskanal vor, um Informationen aufzunehmen (sehen, hören oder fühlen). Niemand hat alle Kommunikationskanäle gleichermaßen geöffnet. Durch einen bestimmten bevorzugten Kommunikationskanal nehmen wir aber nicht nur Informationen auf, sondern rufen auch Informationen ab, die in unserem Gedächtnis gespeichert sind. Auch Denkprozesse wickeln sich hauptsächlich über den bevorzugten Kommunikationskanal ab.

Wenn jemand in einem Hotel ankommt, wo er mehrere Tage wohnen wird, wonach fragt er oder sucht er bei seiner Ankunft zuerst?

a) Nach einem Fernsehapparat, nach neuen Zeitungen
b) nach einem Radio mit Compact-Disks
c) nach einem Schwimmbad, einer Sauna, einem Park in der Nähe, nach Action-Videos

Je nachdem ist diese Person ein:

a) visueller,
b) auditiver,
c) kinästhetischer (empfindungs- und aktionsorientierter, körperbezogener)

Kommunikationstyp.

Natürlich benutzt jedermann neben seinem bevorzugten Kommunikationskanal auch die anderen Kommunikationskanäle. Aber die Bevorzugung eines einzelnen Kommunikationskanals hilft uns, die Komplexität der Außenwelt etwas zu vereinfachen.
Woran erkennt man, welchen Kommunikationskanal jemand bevorzugt? Wir verraten uns durch unsere Augen-

bewegungen, durch Körpersprache, Stimme, Atem und Sprechweise.

Mit Modeling, einer NLP-Forschungstechnik, bei der man Hochgeschwindigkeitskameras und Tonbänder verwendet, wurde nachgewiesen, daß Menschen unbewußt markante Signale im Verhalten und in der Stimme geben. Die Gesprächspartner nehmen diese Signale unbewußt auf, werten und reagieren unmittelbar. So entsteht unbewußt und blitzschnell Ablehnung oder Annahme, Mißtrauen oder Vertrauen, Zurückweisung oder Rapport. Durch die NLP-Forschung können die verschiedenen Signale eindeutig interpretiert werden.

Wodurch sich der Kommunikations-typ zu erkennen gibt

Augenbewegungen sind nie zufällig. Die Augen bewegen sich z. B. immer dann, wenn wir überlegen und aus unserem Gedächtnis etwas abrufen. Stellt man jemandem eine Frage und beobachtet man seine Augen, wird man feststellen, daß sie kurz bewegt werden, wenn er nachdenkt, bevor er antwortet.

Mit der Körpersprache und der Stimme werden weitere Signale ausgesendet. Sprachlich hält sich jeder Kommunikationstyp an bestimmte Ausdrücke, die seinen bevorzugten Kommunikationskanal andeuten.

Der *visuelle* Kommunikationstyp bewegt seine Augen nach oben. Er zwinkert häufig mit den Augen und schließt sie gelegentlich. Er hat die Tendenz, flach zu atmen, und eine eher hohe Stimme. Er verwendet bildhafte Worte wie:

Das *sehe* ich ein. Das ist *einleuchtend.* Ich *sehe* den Punkt.

Der *auditive Kommunikationstyp* bewegt seine Augen horizontal nach links und rechts. Er hat eine angenehme, ausgeglichene Sprechweise. Man hört ihn gelegentlich summen, pfeifen oder schnalzen. Er führt manchmal Selbstgespräche. Er verwendet auditive Worte wie:

Das ist *gut verständlich*. Das *klingt* gut. Das *hört* sich gut an.

Der *kinästhetische* Kommunikationstyp bewegt seine Augen nach unten. Er tendiert dazu, voll und tief durchzuatmen, und spricht eher langsam. Er hat eine eher tiefe, resonante Stimme. Er verwendet vorwiegend kinästhetische Worte wie:

Das ist *bewegend*. Das *überzeugt* mich. *Packen wir's an!*

Wenn man auf diese Signale achtet, lernt man in kurzer Zeit, den Kunden oder die Kundin einzuschätzen. Man weiß, welchen Kommunikationskanal die Person bevorzugt, und kann sie durch denselben Kanal ansprechen. Damit erzielt man sehr schnell einen emotionalen Rapport, und der Kunde oder die Kundin nimmt den Verkäufer oder die Verkäuferin als Person unbewußt an.

Übersichtstabelle über Augenbewegungen, Körpersprache und Stimme

Typ	Augen-bewegungen	Körpersprache und Stimme
visuell	nach oben	atmet eher flach und „nach oben", hat eher hohe Stimme, spricht schnell
auditiv	horizontal nach links und rechts	hat eine angenehme Sprechweise, spricht deutlich, summt, pfeift, schnalzt manchmal, führt manchmal Selbstgespräche
kinästhetisch	nach unten	atmet voll und tief durch, hat tiefe, resonante Stimme, spricht eher langsam

Verbales Pacing in der Verkaufsargumentation

Wenn man die gleichen oder ähnlichen Ausdrücke verwendet wie der Kunde oder die Kundin, kann man über diesen bevorzugten Kommunikationskanal sehr schnell besseren Zugang zur Person finden.

Auch eine sachliche Verkaufsargumentation kann durchaus mit den entsprechenden Wörtern formuliert werden:

- Für den visuellen Typ bewußt bildhaft (viel zeigen)

- Für den auditiven Typ präzise beschreibend (gut klingende Worte verwenden, Hintergrundmusik einschalten).

- Für den kinästhetischen Typ besonders aktiv und lebendig (vorführen und selber bedienen und hantieren lassen).

Beispiel:

Das gleiche Vorgehen (z. B. in einem Projekt) kann man so beschreiben, daß es dem jeweiligen Kommunikationstyp entspricht:

Dem *Visuellen:*

Ich *stelle mir vor,* daß wir das Vorgehen *in drei Teile zerlegen,* das *sieht dann folgendermaßen aus:* ...

Dem *Auditiven:*

Das *klingt für mich,* als *hätten wir drei Phasen,* ich *erkläre mir das so:* ...

Dem *Kinästhetischen:*

Wir müssen drei Abschnitte *durchlaufen,* zuerst sollten wir das *tun,* bis wir das ... *erreicht* haben. Dann könnten wir zu ... *übergehen* und daraufhin mit ... *abschließen.*

Visuelle Ausdrücke

Der visuelle Kommunikationstyp bevorzugt Ausdrücke wie:

- Ich *sehe* den Stand*punkt.*
- Das ist ganz *klar.*
- Ich kann mir das nicht *vorstellen.*
- Das ist *offensichtlich.*

Er verwendet Wörter wie:

abbrechen	farbig	leuchten
Ablauf	finden	offensichtlich
abzielen	Fokus	Perspektive
angesichts	Gedankenblitz	Reihenfolge
Anschauung	gucken	rot sehen
Aspekt	hell	Rückblick
Ausblick	hereinschauen	schauen
aussehen	hervorragend	sehen
beobachten	Hinweis	Sicht
sich ein Bild	hinzufügen	skizzenhaft
machen	Horizont	starren
blau (alle Farben)	illustrieren	Überblick
blicken	klar	überprüfen
demonstrieren	klären	übersehen
dunkel	Klarheit	verschwommen
erscheinen	kurzsichtig	Vorstellung
es scheint	lesen	zeigen

Auditive Ausdrücke

Der auditive Kommunikationstyp bevorzugt Ausdrücke wie:

- Das *höre* ich gern.
- Ich *verstehe* das *Wort für Wort!*
- Keine *Frage!*
- Nie davon *gehört!*

Er verwendet Wörter wie:

abstimmen	erwähnen	murmeln
ankündigen	fragen	Plauderei
so ausgedrückt	Gesang	plaudern
ausdrücken	Geschwätz	proklamieren
ausplaudern	Gerücht	Ruhe
ausrufen	hörbar	rufen
ausgesprochen	hören	sagen
aussprechen	Interview	schwatzen
artikulieren	Klatsch	schweigen
behaupten	klingen	schreien
bekanntmachen	kommentieren	sprechen
Bemerkung	kommunizieren	Sprechweise
Bericht	Lästermaul	Stichwort
brüllen	laut	Stimme
diskutieren	lautstark	Ton, tönen
einstimmen	Lärm	verkünden
erklären	leise	Wort

Kinästhetische Ausdrücke

Der kinästhetische Kommunikationstyp bevorzugt Ausdrücke wie:

- Ich *begreife* das nicht.

- Das *geht mir unter die Haut.*

- Ich bin *hin- und hergerissen.*

- Wie *bringen wir das in Gang?*

Er verwendet Wörter wie:

abschneiden	finden	packen
angreifen	folgen	packend
aktiv	fühlen	rauh
anstrengen	gefallen	riechen
beaufsichtigen	gehen	sauer
begreifen	Geschmack	scharf
behandeln	glatt	schmecken
beherrschen	glauben	schneiden
berühren	im Griff haben	schwer
bitter	handhaben	stoßen
Dafürhalten	Hand in Hand	spürbar
Druck	halten	süß
empfinden	kalt	Tiefe
entgleisen	komfortabel	tragen
erfassen	kontrollieren	vergleichen
fallen	kühl	warm
fassen	mild	weich
fest	mögen	zusammenkommen

Zusammenfassung NLP

1. Mit Pacing geht man durch die „Landkarte" des Kunden in seine innere Welt.

2. Pacen kann man:
   - die Körperhaltung und Gestik
   - die Lautstärke
   - die Sprechgeschwindigkeit
   - das Vokabular

3. Der Kommunikationstyp gibt sich zu erkennen durch
   - seine Augenbewegungen:
   - nach oben: visueller Typ
   - horizontal: auditiver Typ
   - nach unten: kinästhetischer Typ

4. Die Verkaufsargumentation kann man pacen mit Wörtern wie z. B.
   - visuell: Sie können sich das so vorstellen ...
   - auditiv: Sie können sich das so erklären ...
   - kinästhetisch: Sie erreichen das über ...

Emotional Selling mit Aktivem Zuhören

Unter dem Begriff „Aktives Zuhören" wird alles mögliche an Kursen und Methoden angeboten, das vielleicht etwas mit „Zuhören" zu tun hat, aber überhaupt nichts mit Aktivem Zuhören im Sinne der Gesprächstherapie.

Carl F. Rogers war ein berühmter amerikanischer Psychotherapeut. Er hat die klientenzentrierte Gesprächstherapie entwickelt. Wie der Ausdruck sagt, steht dabei der Klient im Zentrum. Wir können „Klient" ohne weiters durch „Kunde" ersetzen. Auch in einem Verkaufsgespräch steht der Kunde im Zentrum, solange man bei ihm Aktives Zuhören sozusagen therapeutisch anwendet.

Die **Klientenzentrierte Gesprächstherapie** und insbesondere das Aktive Zuhören werden seit den vierziger Jahren weltweit erfolgreich angewendet. Sie nehmen einen wichtigen Platz in der Gesprächstherapie ein, und man erzielt damit erstaunliche Erfolge.

Rogers hat sich folgende Fragen gestellt:
„Wie kann ein Therapeut mit den Gefühlen seiner Klienten umgehen?"
„Was kann er tun, um belastende Gefühle zu mindern und die Gefühle zu fördern, die ein Klient stärker erleben möchte?"

Die Antwort, die er daraufhin fand, war:
„Der Therapeut schafft eine entspannte, beruhigende, angstfreie Gesprächsatmosphäre und läßt den Klienten erfahren, daß er ihn in aufrichtiger Weise als Person schätzt und ihn wegen seiner vermeintlichen Schwächen oder Fehler nicht negativ bewertet. Seine wichtigste fortlaufende Tätigkeit ist das empathische Verstehen, also das präzise

Einfühlen in die Erlebniswelt des Klienten, wobei er dem Klienten ständig und ohne zu bewerten mitteilt, was er verstanden hat. Die Aktivität des Therapeuten zeichnet sich vor allem durch seine Fähigkeit aus, die Erlebnisse und Gefühle des Klienten und deren persönliche Bedeutung präzise und sensibel zu erfassen. Es ist ein unmittelbares Gespür im Hier und Jetzt für die innere Welt des Klienten in seinen ganz privaten und personalen Bedeutungen."

Das kann man beinahe wörtlich in den Verkauf übernehmen. Denn genau das macht der erfolgreiche Verkäufer oder die erfolgreiche Verkäuferin mit dem Kunden. Er oder sie versucht laufend, dem Kunden seine der Situation entsprechenden, momentanen Gefühle rückzubestätigen. Damit fühlt sich der Kunde zutiefst akzeptiert und verstanden. Ein emotionaler Rapport oder sogar Konsens ist die Folge. Auf der Basis dieser emotionalen Annäherung und Übereinstimmung ist der Kauf fast eine logische Folge. Der Kunde kauft von sich aus, weil er dermaßen viel Vertrauen gewonnen hat, daß es sich fast um blindes Vertrauen handelt.

Fühlt sich ein Kunde emotional akzeptiert, verstanden und bestätigt, hat er blindes Vertrauen gewonnen und kommt automatisch zum Kaufentscheid, wenn die Voraussetzungen einigermaßen stimmen.

Wie kann in einem Verkaufsgespräch diese therapeutische Methode angewendet werden? Muß dazu das Verkaufspersonal therapeutisch ausgebildet werden?
Wie bei anderen psychologischen Verkaufsmethoden, die fast alle aus der Psychotherapie stammen, muß diese

Methode derart vereinfacht werden, daß sie von jedem einigermaßen intelligenten Menschen angewendet werden kann, der im Verkauf tätig ist.

Das Hauptproblem bei der Vermittlung dieser Methode an das Verkaufspersonal stellt sich dadurch, daß hier etwas über die linke Gehirnhälfte vermittelt werden muß, das in der Anwendung ausschließlich die rechte Gehirnhälfte anspricht.

Wir haben festgehalten: Die linke Gehirnhälfte nimmt schrittweise auf und ist kritisch. Mit dem Aktiven Zuhören wird sie nicht angesprochen, sonst würde die Methode nicht funktionieren.

Die rechte Gehirnhälfte nimmt gesamthaft, bildhaft und emotional auf. Sie ist völlig unkritisch. Während man bei einer Person Aktives Zuhören anwendet, ist deren linke Gehirnhälfte sozusagen außer Funktion. Sobald der Person bewußt würde, was hier vorgeht, wäre die Methode unwirksam. Die Person würde sich sogar manipuliert fühlen, und das wäre kontraproduktiv.

Der Kunde geht in sich und befaßt sich mit seinen eigenen Gefühlen. Er stellt sich Fragen, die seine Gefühlswelt betreffen, und setzt sich damit intensiv auseinander. Das ist kein logischer, rationaler Prozeß, sondern ein rein emotionaler. Allerdings wird dieser Prozeß vom Verkäufer oder von der Verkäuferin ausgelöst.

Die Verkaufsperson bestimmt, ob und wann sie mit einem Kunden derart vorgehen will. Es ist ihre eigene, freie Entscheidung. Man ist nicht abhängig von irgendwelchen Regeln, Voraussetzungen oder Umständen. Man kann jederzeit – ganz wie man will – in das Aktive Zuhören einsteigen und auch wieder damit aufhören.

Der Kunde empfindet das niemals als lästig oder unangenehm. Ganz im Gegenteil, er stellt fest, daß sich die Verkaufsperson mit ihm in einer Weise befaßt, wie er das sonst selten erlebt. Nicht einmal seine engsten Freunde, Verwandten oder Bekannten verfahren so mit ihm (letztere schon gar nicht!).

Der Kunde erfährt etwas, das ihn zutiefst berührt, aber ausschließlich in einer sehr positiven Art und Weise. Er fühlt sich so wohl, daß man durchaus von einer *psychischen Wellness* sprechen kann. Es ist eine Art des Sich-akzeptiert-und-verstanden-Fühlens, wie man sie sonst selten erlebt. Im Gegenteil, man fühlt sich meistens zu wenig akzeptiert und zu wenig verstanden, oft sogar ignoriert und abgelehnt.

Aktives Zuhören nach Carl Rogers ist vielleicht das stärkste und am schnellsten wirksame Mittel, um einen Menschen für sich zu gewinnen und den eigenen Sympathiewert dramatisch zu erhöhen.

Bisher verstehen nur wenige, was sie tun und wie sie es tun müssen, um mit Aktivem Zuhören einen Menschen zu öffnen, ihn langsam und unmerklich dorthin zu führen, wo er eigentlich selbst hin will. Die meisten Kunden und Kundinnen haben insgeheime Wünsche, Sehnsüchte, Träume und Visionen, die sie sich erfüllen würden, wenn sie sie selbst erkennen könnten. Genau das kann mit Aktivem Zuhören erreicht werden.

Genaues Hinhören ist Bedingung

Um Aktives Zuhören nach Carl Rogers überhaupt anwenden zu können, muß man sich ganz auf die Person konzentrieren, die man „therapieren" will. Man kann nicht etwa an alles mögliche denken und dabei nur halb hinhören, was die Person sagt.

Wir müssen unser Denken sogar umstellen. Wir müssen uns sagen: „Jetzt bin ich für eine Weile nicht mehr ein Verkäufer oder eine Verkäuferin, sondern ich versuche, der Spiegel der anderen Person zu sein!"

Um etwas „zurückspiegeln" zu können, muß man es aber erst mal aufnehmen. Und zwar ganz aufnehmen, nicht nur teilweise.

Weil selektive Wahrnehmung eher die Regel und nicht die Ausnahme ist, muß man sich sehr zusammennehmen. Man muß ganz „auf Empfang" gehen und sich selber total zurückstellen. „Jetzt ist mein Gegenüber wichtig, nicht ich!", muß man sich sagen.

Wir müssen die Inhalte, die uns mitgeteilt werden, genau aufnehmen, um zu erkennen, welche Gefühle die Person gerade hat, wenn sie etwas sagt.

**Zuhören muß man auf
zwei Ebenen:
1. Was sagt die Person genau?
2. Was hat sie für Gefühle?**

Dazu muß man die Person unbedingt anschauen. Wird kein Augenkontakt gehalten, bestehen zwei Gefahren:

1. Man erkennt die Gefühle nicht richtig. Das Beobachten des Gesichts eines Menschen hilft sehr, Gefühle zu erkennen. Die Mimik gibt die Gefühle preis. Die Muskeln um die Augen und um den Mund herum verändern sich laufend. Wir sind in der Lage, unbewußt dieses Mienenspiel aufzunehmen und die entsprechenden Gefühle wahrzunehmen.

2. Die Person hat den Eindruck, daß man sich nicht für sie interessiert. Das wäre fatal, denn so kann Aktives Zuhören nicht funktionieren. Die Person fühlt sich innerlich zu wenig wichtig, abgelehnt und ignoriert. Daraufhin würde sie negative Gefühle gegenüber der Verkaufsperson produzieren, die alle anderen Gefühle überdecken.

In einem Verkaufsgespräch ist es unerläßlich, Aussagen des Kunden zu wiederholen, die er zu einem früheren Zeitpunkt – anfangs des Gesprächs – gemacht hat. Nur so fühlt sich der Kunde wirklich akzeptiert und verstanden. Wenn das Gegenteil eintritt, daß der Kunde selbst Dinge wiederholen muß, weil sie die Verkaufsperson offensichtlich gar nicht aufgenommen hat, baut sich sofort Mißtrauen auf.

Nur Personen, die wirklich zuhören, sind vertrauenswürdig. Einem, der nicht richtig zuhört, kann man nicht trauen!

Die Verkaufsperson hat nach jeder Aussage des Kunden oder der Kundin die Wahl:

1. Soll ich jetzt auf diese Aussage antworten? oder
2. Soll ich die Aussage zurückspiegeln?

Im normalen Dialog wird auf jede Aussage eine Gegenaussage, auf jede Frage eine Antwort, auf jedes Argument ein Gegenargument kommen. So entsteht das Wechselspiel des Dialoges. Beide Gesprächspartner bringen jeweils sofort ihre eigene Meinung ein.

Sobald man in das Aktive Zuhören einsteigen will, nimmt man sich als Dialogpartner zurück. Jetzt ist man nicht mehr Gesprächspartner, sondern man ist der Spiegel der anderen Person.

Man versteckt sich sogar hinter dem Spiegel. Die Person sieht nicht mehr den Verkäufer oder die Verkäuferin, sondern sich selbst. Sie ist konfrontiert mit sich selbst. Sie geht in sich.

In vielen Verkaufsgesprächen laufen die Dialoge wie ein hektisches Pingpong. Auf jedes Argument erfolgt ein Gegenargument, Schlag auf Schlag. Es entsteht eine Hektik.

Beide sind gefordert, denn man will ja schließlich keine Schwächen zeigen. Schlagfertigkeit ist gefragt.

So bleibt das Gespräch an der Oberfläche. So ist auch kein Emotional Selling möglich. Die Gefühle werden eher ignoriert. Die Sache geht vor. Das kann man bei schnellen Vereinbarungen machen, bei denen es nur um den Preis geht, z. B. an der Börse oder bei Auktionen. Der „Deal" steht dann, wenn der Preis akzeptiert worden ist, alles andere zählt überhaupt nicht. Hier muß aber auch überhaupt keine Verkaufsleistung erbracht werden. Es geht so zu wie bei Tiefpreis-Anbietern im Einzelhandel. Die Ware steht da, in den Kartons, wie sie der Lieferant abgestellt hat – nur der Preis wird angeschrieben. Entweder man nimmt sie, oder man nimmt sie nicht. Ein Verkaufsgespräch ist gar nicht notwendig.

Das Aktive Zuhören nach Carl Rogers führt in eine ganz andere Welt. Jetzt hält der Kunde oder die Kundin quasi den Atem an und geht in sich, setzt sich mit sich selbst auseinander und wird von der Verkaufsperson unmerklich geführt. Wohin geführt? Zu den Sinnfragen, zur Wahrheit.

Ein Gespräch ist wie das Meer

Fast jedes Gespräch beginnt an der Oberfläche, auch das Verkaufsgespräch. Zu Beginn wird eine einladende Frage gestellt:

- *Darf ich Ihnen etwas zeigen?*
- *Suchen Sie etwas Bestimmtes oder möchten Sie sich nur umsehen?*

Oder man tauscht einige Nettigkeiten aus. Oft spricht man zuerst über das Wetter: ein dankbares Thema zum Einstieg.

Kennt man sich bereits, fragt man nach dem Befinden, nach bekannten Personen, nach Erlebnissen.

Kommt eine Verkäuferin oder ein Verkäufer ungelegen, entsteht fast immer ein Abwehrverhalten. Der Kunde oder die Kundin sagt etwa:

- *Ich habe wenig Zeit, kommen Sie zur Sache!*
- *Ich gebe Ihnen drei Minuten, was haben Sie Neues?*

Wenn die Verkaufsperson den Fehler macht, auf ein solches Abwehrverhalten einzugehen, ist sie verloren. Es entsteht ein hektischer Schlagabtausch. Argumente kommen gar nicht wirklich an. Man hört einander nur teilweise zu. Wenn einer einen Satz anfängt, denkt der andere bereits über seine Antwort nach und bekommt den zweiten Teil des Satzes gar nicht mit. Dabei sind die wichtigen Informationen meistens im zweiten Teil des Satzes enthalten:

Teil 1 ...., **weil:** .... Teil 2 ....
Teil 1 ....., **und zwar aus folgenden Gründen:** .... Teil 2 ....
Teil 1 ...., **das heißt:** .... Teil 2 ....

Es lohnt sich, jeweils auf den zweiten Teil eines Satzes besonders zu achten. Dort sind oft wichtigere Informationen enthalten als im ersten Teil.

Hektik schadet

Man darf sich von einer hektischen Atmosphäre niemals beeinflussen lassen. Auch wenn die Gesprächspartner noch so nervös sind, soll man versuchen, Ruhe in das Gespräch zu bringen. Nur ein ruhiger Verhandlungspartner ist ein guter Verhandlungspartner.

Ein hektisches Gespräch bleibt immer an der Oberfläche. So bringt es beiden Teilen nichts.

Man muß versuchen, das Gespräch zu vertiefen. In der Tiefe ist immer Ruhe. Man geht der Sache auf den Grund. Man stößt auf die wahren Gründe, die Hintergründe. An der Oberfläche ist meistens die Unwahrheit. Wenn man zur Wahrheit kommen will, muß man in die Tiefe gehen.

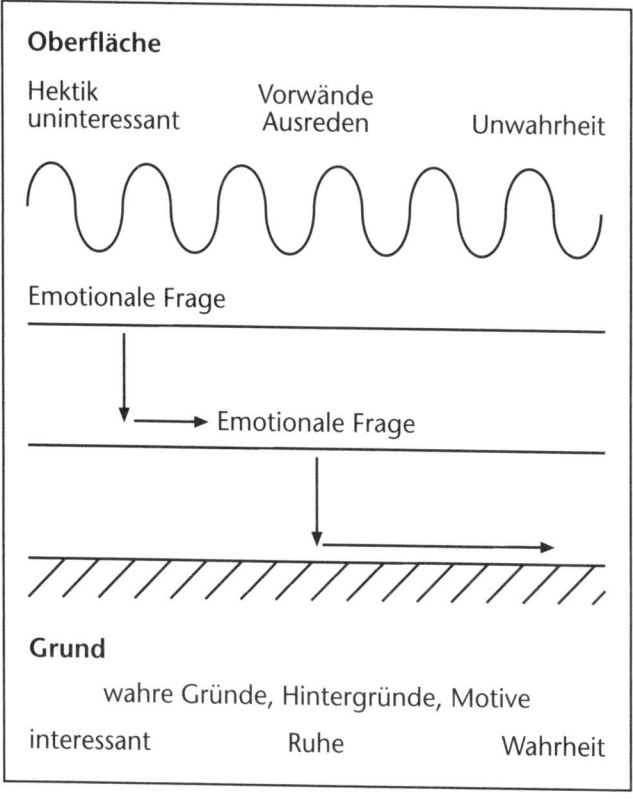

Mit Aktivem Zuhören nach Carl Rogers kann ein Gespräch vertieft werden. Dadurch, daß der Kunde oder die Kundin emotional angesprochen wird, in sich geht und sich mit ihren eigenen Gefühlen konfrontiert sieht, ergibt sich automatisch eine Vertiefung in Richtung der Sinnfragen.

Dazu eignen sich emotionale Fragen, die sich aus dem Aktiven Zuhören ergeben. Sie haben eine unmittelbare, sofortige vertiefende Wirkung.

Vertiefende, emotionale Fragen stellen

Die meisten Fragen, die wir normalerweise stellen, bewegen sich in der Sachebene. Man will Informationen bekommen, die die Sache betreffen. Solche Fragen sind wichtig und im Verkaufsgespräch unerläßlich.

- *Was will der Kunde?*
- *Was braucht er?*
- *Was interessiert ihn?*
- *Wo liegen seine Prioritäten und Präferenzen?*

Solche Fragen müssen vorbereitet werden. Man erweist sich gegenüber dem Kunden oder der Kundin als Profi, wenn man die richtigen Fragen stellt. Niemals sollte man etwas zeigen, empfehlen, vorführen oder anpreisen, bevor man nicht sicher ist, daß es für den Kunden oder die Kundin von Interesse ist. Handelt es sich um allgemein gebräuchliche Artikel, die jeder gerne besitzen möchte, ist das etwas anderes. Da kann man gleich durch Zeigen und Vorführen Aufmerksamkeit erwecken. Sobald es sich jedoch um Angebote handelt, die spezifische Anforderungen erfüllen, muß man zuerst die Bedürfnisse des Kunden ausloten.

Stellt man jedoch Frage an Frage, kann das bald penetrant werden. Die Fragetechniken sind zwar berechtigt und notwendig, denn sie gestatten eine direktive Gesprächsführung; es kann jedoch der Eindruck eines Verhörs entstehen, wenn man Leute mit Fragen durchlöchert.

Wer fragt, der führt.
Wer fragt, der aktiviert.
Wer fragt, der provoziert.

Um das zu vermeiden, können zwischendurch ganz andere Fragen gestellt werden, die mehr den Gefühlsbereich des Kunden oder der Kundin ansprechen. Die nachfolgenden Beispiele von Fragen eignen sich sehr gut im Verkaufsgespräch.

Am Anfang des Gespräches:

- Was ist Ihnen wichtig?
- Was ist Ihnen am wichtigsten?
- Worauf legen Sie besonderen Wert?
- Worauf kommt es Ihnen am meisten an?
- Was bedeutet Ihnen …?
- Was würden Sie sich wünschen?
- Was ist Ihr Traum?
- Was wäre Ihr Wunschtraum?
- Was ist Ihre Vision?
- Was schwebt Ihnen vor?
- Wohin tendieren Sie?

Im Laufe des Gespräches:

- Was gefällt Ihnen daran am besten?
- Was fasziniert Sie daran am meisten?
- Was haben Sie für ein Gefühl bei dieser Sache?

- Gibt es etwas, was Ihnen weniger gefällt?
- Was beschäftigt Sie momentan am meisten?
- Gibt es etwas, was Sie stört?
- Was stört Sie daran am meisten?
- Haben Sie persönliche Erwartungen in der Zukunft?
- Gibt es etwas, was Ihnen Probleme bereitet?
- Was belastet Sie am meisten?
- Was macht Ihnen am meisten Sorgen?

Es ist erstaunlich, wie schnell man sich den Sinnfragen nähert, wenn man solche Fragen stellt. Der Kunde oder die Kundin befaßt sich sehr intensiv mit sich selbst und mit der Sinnhaftigkeit dessen, was zur Diskussion steht. Die fundamentalen Sinnfragen sind:

- *Woher komme ich?*
- *Wer bin ich?*
- *Wer liebt mich?*
- *Wohin gehe ich?*

Diese Fragen stellt man sich nicht alle Tage, sondern eher nur bei Ereignissen, die einen stark beschäftigen. Etwa bei einer schweren Krankheit, einer Scheidung, dem Verlust eines Familienangehörigen, einer schweren Niederlage, einem starken Mißerfolg.

Auf die vertiefenden, emotionalen Fragen hin erfolgt jedoch auch die Konfrontation mit sich selbst und den Sinnfragen. Daß das so ist, kann man daran erkennen, daß der Kunde oder die Kundin eine lange Pause macht, bevor er oder sie antwortet. Diese Pause muß man der Person aber auch lassen, denn sie braucht Zeit, in sich zu gehen! Wenn man den Fehler macht, die Antworten nicht abzuwarten, und weiterredet, frustriert man den Kunden oder die Kundin zutiefst!

Vertiefende, emotionale Fragen kann man auch dann stellen, wenn man vom Thema nichts versteht. Diese Fragen sprechen nicht bestimmte Sachen an, sondern Gefühle. Angenommen, ein Kunde oder eine Kundin redet von einem Hobby. Das ist an und für sich ein gutes Zeichen. Ein gewisses Vertrauen und eine gute Gesprächsatmosphäre sind vorhanden. Nur steht der Verkäufer oder die Verkäuferin aber vor dem Problem, im Grunde genommen nicht besonders daran interessiert zu sein, mehr Einzelheiten zu diesem Thema zu erfahren. Nur kann man das nicht sagen, man darf es sich auch nicht anmerken lassen. Was tun? *Bisher mußte man Interesse an der Sache vortäuschen, ohne es wirklich zu haben.* Kunden finden das bald heraus und sind enttäuscht. Sie fühlen sich verschaukelt, mißbraucht. Das vorgetäuschte Interesse war nur Mittel zum Zweck. Dieses Risiko fällt weg, wenn man *vertiefende, emotionale* Fragen stellt. Denn für die Gefühle der Kunden kann man sich immer und jederzeit aufrichtig interessieren.

Folgende Fragen eignen sich in dieser Situation:

- Was bedeutet Ihnen dieses Hobby?
- Was fasziniert Sie daran am meisten?

Die Reaktion des Kunden oder der Kundin wird verblüffend sein. Er oder sie fühlt sich tief verstanden, ohne daß der Verkäufer oder die Verkäuferin von diesem Hobby – oder irgend einem anderen Thema – etwas verstehen bzw. ein besonderes Interesse am Thema an sich vortäuschen muß, falls es nicht vorhanden ist.

Spricht der Kunde von einem Problem, kann man fragen:

- Was belastet Sie am meisten?
- Was macht Ihnen dabei am meisten Sorgen?

Vertiefende, emotionale Fragen zeigen dem Kunden oder der Kundin, daß man sich für sie als Mensch interessiert. Dieses Interesse am Menschen ist in hohem Maße Emotional Selling. Aufgrund dieses Gefühls, daß man sich bemüht, den Kunden oder die Kundin zutiefst zu verstehen, entsteht ein emotionaler Rapport, der oft unmittelbar zum Kauf führt.

Gefühle zurückspiegeln

Gehen wir davon aus, daß die Verkaufsperson entscheidet, ein bereits begonnenes Verkaufsgespräch nicht als Dialog weiterzuführen, sondern eine Phase mit Aktivem Zuhören nach Carl Rogers einzuschieben.

Man ist völlig frei in dieser Entscheidung. Die Gründe, die für eine Gesprächsphase mit Aktivem Zuhören sprechen, können sein:

- Man will eine angenehme Gesprächsatmosphäre schaffen.
- Man stößt auf Widerstand und will, daß sich der Kunde entspannt.
- Man möchte gerne gewisse Aussagen des Kunden hinterfragen.
- Man hat eine Aussage des Kunden nicht richtig verstanden.
- Der Kunde ist deutlich verärgert .
- Der Kunde ist unsicher.
- Der Kunde hat anscheinend Probleme.

Die Verkaufsperson nimmt jetzt die Haltung des Therapeuten ein. Sie ist jetzt der Spiegel des Kunden. Dabei spiegelt sie immer einen Teil der eben gemachten Aussagen des Kunden oder der Kundin zurück.

Wichtig ist, daß in diesem Zurückspiegeln Gefühle enthalten sind. Und zwar müssen es Gefühle sein, die den Kunden oder die Kundin im Moment bewegen. Bevor man zurückspiegelt, muß man sich also immer überlegen, was für Gefühle wohl entstanden sind im Zusammenhang mit dem, was der Kunde oder die Kundin gerade gesagt hat.

Man stellt sich die Frage: „Was hat der Kunde oder die Kundin vermutlich für Gefühle, jetzt, im Zusammenhang mit der gemachten Aussage?"

Einige typische Aussagen von Kunden und die damit zusammenhängenden Gefühle:

Wer eine solche Aussage macht:	fühlt sich vermutlich:
Zu schade, daß es das nicht in roter Farbe gibt!	enttäuscht
Eigentlich hätte ich gern etwas anderes gehabt, ich weiß nicht so recht …	unsicher
Ich muß gleich zu einer Besprechung.	unter Druck
Bei Ihnen gibt es nie das, was ich suche!	verärgert
Warum können Sie das nicht gleich machen?	ungeduldig
Das hätten Sie mir doch gleich sagen können!	unfair behandelt

Das ist ja wahnsinnig teuer!	übervorteilt
Warum komme ich nicht an die Reihe? Ich war doch zuerst hier!	übergangen
Da muß ich zuerst meine Frau fragen.	im Zweifel
Das ist genau das, was ich wollte!	glücklich

Man muß nicht ein *Gefühl genau treffen.* Es gibt immer mehrere mögliche Varianten von Gefühlen, die beim Kunden oder bei der Kundin im Zusammenhang mit einer gemachten Aussage vermutlich zutreffend sind. Jeder Mensch ist schließlich voll von Gefühlen und wird immer von mehreren Gefühlen zugleich bewegt (Beispiele siehe nächst Seite).

Die Tatsache, daß ein Mensch immer von mehreren Gefühlen gleichzeitig beeinflußt ist, erleichtert die Sache gewaltig. Es wäre unmöglich, in der täglichen Verkaufspraxis das Aktive Zuhören anzuwenden, wenn man immer genau das wichtigste oder vorherrschende Gefühl treffen müßte. Das kann nicht einmal ein ausgebildeter und erfahrener Gesprächstherapeut.

Man kann also ohne Risiko irgendein Gefühl nennen, das nach eigenem Dafürhalten in Frage kommt. Wenn das genannte Gefühl nicht ganz zutrifft, wird der Kunde oder die Kundin sagen: „Nein, nicht, sondern ...., weil ...."

Die angesprochene Person wird das angebotene Gefühl ablehnen und es durch ein anderes – eher zutreffendes – ersetzen. Daraufhin wird sie das meistens noch begründen und damit das Gespräch aktiv fortsetzen. Da kommen oft zusätzliche Informationen zutage, die sonst eher verborgen bleiben würden. Für die Verkaufsperson ist es deshalb eher

ein Vorteil, wenn die angesprochene Person das angebotene Gefühl ablehnt.

Beispiele:

Aussage   Mögliche Gefühle

Zu schade, daß es das nicht in   enttäuscht
roter Farbe gibt!   traurig
                                  verärgert
                                  zerknirscht
                                  sauer
                                  verbittert
                                  bedrückt
                                  unzufrieden
                                  verschaukelt
                                  niedergeschlagen
                                  im Stich gelassen
                                  betrogen

Eigentlich hätte ich gern etwas   unsicher
anderes gehabt, ich weiß nicht   verunsichert
so recht …   enttäuscht
                                  skeptisch
                                  nachdenklich
                                  mißtrauisch
                                  unglücklich
                                  betreten
                                  niedergeschlagen
                                  lustlos
                                  mutlos
                                  traurig
                                  mißmutig

Nimmt die Person das angebotene Gefühl an, sagt sie vielleicht nur:
„Ja."
Und dann? Jetzt muß die Verkaufsperson etwas unternehmen, damit der Kunde oder die Kundin weiterredet. Das ist immer nur das Zweitbeste. Das Beste ist, wenn der Kunde oder die Kundin von sich aus möglichst lange weiterredet.

Ob ein angebotenes Gefühl angenommen oder abgelehnt wird, spielt keine Rolle. Es wird immer emotionaler Rapport hergestellt.

Zurückzuspiegelnde Gefühle muß man in ganze Sätze „einpacken"

Halten wir fest: Während man Aktives Zuhören anwendet, ist man nicht ein normaler Dialogpartner, sondern man hält sich total zurück, bringt keine eigene Meinung ein, interpretiert nicht und bewertet nichts. Man nimmt also vorerst einmal nicht Stellung. Sondern man ist der Spiegel des anderen. Der andere sieht sich selbst im Spiegel und ist konfrontiert mit sich selbst, mit seinen Gefühlen.

Aufgrund einer vom Kunden oder von der Kundin gemachten Aussage spiegelt man Gefühle zurück. Aber man muß diese Gefühlswörter in ganze Sätze „einpacken". Dabei wiederholt man einfach teilweise, was der Kunde oder die Kundin gesagt hat, verwendet aber andere Worte. Es muß einfach dem Sinn nach in etwa das sein, was gesagt wurde. Und es müssen Gefühlswörter darin enthalten sein.

Die folgenden Beispiele zeigen, wie das Zurückspiegeln vor sich gehen kann:

Aussagen des Kunden oder der Kundin	Zurückgespiegelte Gefühle, in Sätze „eingepackt"
Sie sind viel zu teuer. Wir haben eine andere Offerte erhalten. Sie ist viel günstiger als Ihre.	Sie sind *verunsichert*, weil wir etwas mehr verlangen, und *im Zweifel*, ob dieser Mehrpreis gerechtfertigt ist.
Schade, daß es das nicht in rot gibt!	Sie *bedauern*, daß Ihre bevorzugte Farbe nicht erhältlich ist.
Eigentlich hätte ich gern etwas anderes gehabt, ich weiß nicht so recht …	Sie sind *unsicher*.
Das ist eine schwierige und sehr weitreichende Entscheidung. Unser ganzes Personal wird sich total umstellen müssen. Da sind Leute darunter, die damit größte Mühe haben werden.	Sie *fühlen sich verantwortlich*, die Umstellung *macht Ihnen Sorgen*. Sie *haben Angst*, daß sich einige Ihrer Leute nicht umstellen können.
Ich muß gleich zu einer Besprechung.	Sie stehen *unter Druck*.
Bei Ihnen gibt es nie das, was ich suche!	Sie sind *verärgert*.

Wir sind auf diese spezifische Lösung fixiert, denn unser Chef legt darauf größten Wert. Der läßt nicht mit sich reden, ihm zu widersprechen, wäre hoffnungslos.	Sie fühlen sich von Ihrem Chef *abhängig,* und das *bedrückt* und *belastet* Sie.
Warum können Sie das nicht gleich machen?	Sie sind *ungeduldig* und stehen *unter Druck.*
Das hätten Sie mir doch gleich sagen können!	Sie fühlen sich *unfair behandelt.*
Die jetzige Geschäftslage ist schlecht. Ich frage mich, ob es noch schlimmer wird in der Zukunft.	Die momentane Lage und die zukünftige Entwicklung *machen Ihnen Sorgen.*
Wir haben es geschafft und sind wieder in der Gewinnzone. Jetzt müssen wir nur sehr darauf achten, daß unsere Kosten nicht ansteigen.	Sie sind *erleichtert,* daß es wieder besser geht, aber Sie sind *besorgt* wegen Ihren Kosten.
Warum komme ich nicht an die Reihe? Ich war doch zuerst hier!	Sie fühlen sich *übergangen* und sind *sauer.*
Da muß ich zuerst meine Frau fragen.	Sie sind *im Zweifel.*
Das ist genau das, was ich wollte!	Das macht Sie *glücklich.*

152

Es ist zum Verzweifeln! Man kann in diesen unsicheren Zeiten ja gar kein Budget mehr erstellen! Wir wissen nicht, wieviel Umsatz wir nächstes Jahr machen können.	Sie sind **beunruhigt,** was die Zukunft bringen wird.
Wenn die uns bloß nicht immer dreinreden würden, die da oben! Ich kann ja keinen Schritt mehr machen, ohne daß die es besser wissen!	Sie fühlen sich **gedemütigt.**
Wir können doch nicht noch mehr Leute entlassen. Das bestehende Personal ist jetzt schon überfordert. Alle arbeiten bedeutend mehr, als sie eigentlich vertragen.	Das **macht Ihnen Sorgen.**
Die Nachfrage nach unserer Dienstleistung nimmt ständig ab, denn alles verlagert sich ins billige Ausland.	Das **beunruhigt** Sie.
Jeder macht nur das, was er gerade tun muß, so wie „Dienst nach Vorschrift". Kein Wunder, wenn wir nirgendwo hinkommen und laufend Termine verpassen.	Es **macht Ihnen Kummer,** daß Ihre Leute zu wenig motiviert sind, und es **ärgert Sie,** daß Termine nicht eingehalten werden.

Wir haben da eine neue Vertretung in China, und es sieht so aus, als würden dort Chancen für unsere Produkte bestehen.	Ihre neuen Chancen in China *stimmen Sie zuversichtlich.*
Eigentlich möchten wir ja schon ausbauen, aber die ungewisse zukünftige Entwicklung läßt im Moment einfach keine so großen Investitionen zu.	Sie sind *überzeugt,* daß ein Ausbau notwendig ist, *fürchten* aber die damit verbundenen Investitionen.

Es fällt auf, daß die Rückspiegelung kürzer ausfällt als die vergangene Aussage des Kunden oder der Kundin. So soll es auch sein. Manchmal genügt es, nur *ein* Gefühl zu nennen, auch wenn mehrere angesprochen worden sind.
Man muß darauf achten, nicht zuviel zurückzuspiegeln. Sonst besteht die Gefahr des Interpretierens. Interpretieren ist eine große Gefahr, da begibt man sich aufs Glatteis! *Man darf nicht nach einem Gefühl fragen, sondern man bietet es einfach an.* Eine Frage wie „Macht Ihnen das Sorgen?" könnte kontraproduktiv sein. Die Stimme geht nach oben, und man könnte damit zum Ausdruck geben, daß man Zweifel hat, ob das Gefühl berechtigt ist, etwa wie: „Wie kann man sich deshalb nur Sorgen machen?" Das wäre reines Unverständnis und würde provozieren. Das Ungewohnte am Aktiven Zuhören nach Carl Rogers ist, daß man immer eine Aussage macht: „Das macht Ihnen Sorgen." und niemals die Frageform verwendet. Man bietet einfach ein Gefühl an. Nimmt es der Kunde an, gut. Wenn nicht, ersetzt er es durch ein anderes Gefühl. Auch gut!

Nachfolgend zwei Beispiele, wie man es nicht machen sollte. Hier wird nach einem Gefühl gefragt, und die Aussagen des Kunden werden interpretiert:

Das ist eine schwierige und sehr wichtige Entscheidung. Unser ganzes Personal wird sich total umstellen müssen. Da sind Leute darunter, die damit größte Mühe haben werden.	Und das macht Ihnen Kummer? Diejenigen, die sich nicht umstellen können und wollen, müssen eben gehen!
Wir sind auf diese spezifische Lösung fixiert, denn unser Chef legt darauf größten Wert. Ihm zu widersprechen wäre hoffnungslos.	Ärgert Sie das dermaßen? Da haben Sie aber einen sehr autoritären Chef! Sie schauen sich wahrscheinlich nach einem anderen Job um, oder nicht?

Man erkennt sofort, daß Wiederholungen von Aussagen dieser Art gefährlich sind, denn sie stellen die Gefühle des Kunden oder der Kundin in Frage und verärgern ihn oder sie durch die unangebrachten Interpretationen – auch wenn die Antworten weniger extrem als in diesen Beispielen ausfallen.

Die Gefühle herunterzuspielen, zu bagatellisieren und zu beschwichtigen wäre auch falsch. Nachfolgend zwei solche Beispiele:

Es ist zum Verzweifeln! Man kann in diesen unsicheren Zeiten ja gar kein Budget mehr erstellen! Wir wissen nicht, wieviel Umsatz wir nächstes Jahr machen können.

Wenn die uns bloß nicht immer dreinreden würden, die da oben! Ich kann ja keinen Schritt mehr machen, ohne daß die es besser wissen!

Das ist doch nur halb so schlimm! Wir haben schon einige Krisen überstanden und werden auch diese überstehen. Niemand kann heute mehr richtig budgetieren!

So sieht es eben heutzutage in den Unternehmen aus. Sie können noch von Glück reden, daß man Sie nicht schon längst hinausgeschmissen hat!

Diese Beispiele sind gar nicht so grotesk, wie es scheint. In der Praxis hört man oft derartiges. Es ist zwar gut gemeint, kommt aber gar nicht gut an! Ein Zurückspiegeln der Gefühle nach der Methode des Aktiven Zuhörens wäre besser. *Sich selbst sofort einbringen zu müssen ist eine Krankheit, von der viele Menschen befallen sind.* Viele haben diese Unart und fangen sofort an, von sich selbst zu reden, sobald ein Stichwort fällt. Der Sympathiewert dieser Leute ist gleich Null. Man weicht ihnen aus, man meidet sie, denn mit solchen Leuten ist gar kein richtiges Gespräch möglich. Ihre schlechte Angewohnheit wird oft als Egozentriertheit empfunden.

Nachfolgend zwei Beispiele, wo sich der Gesprächspartner sofort einbringt:

Wir können doch nicht noch mehr Leute entlassen. Das bestehende Personal ist jetzt schon überfordert. Alle arbeiten bedeutend mehr, als sie eigentlich vertragen.	Das Problem kenne ich. Bei uns fallen die Leute fast um vor Erschöpfung. Aber das ist noch gar nichts, da kommen noch die ganzen Kosteneinsparungen dazu, man kann sich ja gar nichts mehr leisten, überall wird gespart, eingeschränkt und reduziert. Es ist zum Weinen!
Jeder macht nur das, was er gerade tun muß, so wie „Dienst nach Vorschrift". Kein Wunder, wenn wir nirgendwo hinkommen und laufend Termine verpassen.	Wem sagen Sie das! Ich kenne ein Unternehmen, das genau aus diesem Grunde schließen mußte. Warten Sie nur ab, es kommen noch viele dran. Auch bei uns ist alles im argen!

Man ärgert sich über diese Art von Gesprächspartnern bereits, wenn man nur diese beiden Beispiele liest! Solche Leute sind ein Horror. Für den Verkauf taugen sie mit Sicherheit nicht!
Ratschläge zu erteilen ist riskant und wird oft als unangenehm empfunden. Von vielen Leuten wird man mit zwar oft gutgemeinten, aber meist völlig untauglichen und deplazierten Ratschlägen geradezu bombardiert. Man will im Grunde auch keine Ratschläge bekommen. Es sei denn,

man konsultiert einen Experten und bittet diesen um einen Rat. Das ist etwas anderes. Hier sind unqualifizierte Ratschläge gemeint, die leider überwiegen. Das Wort Ratschläge sagt es ja aus: Ratschläge sind auch Schläge!

Die beiden Beispiele sollen zeigen, wie unangenehm solche Ratschläge sind:

Wir sind auf diese spezifische Lösung fixiert, denn unser Chef legt darauf größten Wert. Der läßt nicht mit sich reden, ihm zu widersprechen, wäre hoffnungslos.

Eigentlich möchten wir ja schon ausbauen, aber die ungewisse zukünftige Entwicklung läßt im Moment einfach keine so großen Investitionen zu.

Reden Sie doch mal mit der Frau Ihres Chefs! Sie haben keine Ahnung, wieviel Einfluß Ehefrauen auf ihre Männer haben. Wetten, daß sie so mit Ihrem Anliegen durchkommen!

Nehmen Sie doch einen Kredit auf! Ich kenne da eine Bank, die ist sehr leistungsfähig. Und was die Zukunft anbelangt, kann ich Ihnen die neuesten Zahlen dieses Zukunftsforschers bringen. Da werden Sie wieder Mut schöpfen!

Solche Menschen wirken besserwisserisch und gefühlskalt. Sie erzeugen weder Verständnis noch Akzeptanz. Man distanziert sich von solchen Leuten, die eilfertig Ratschläge erteilen, weil diese meist unqualifiziert und oft völlig daneben sind.

Tabus

Selbstverständlich gibt es Situationen, wo Aktives Zuhören nicht in Frage kommt. Wenn ein Kunde die Frage stellt: „Wo ist hier die Toilette?", kann man nicht spiegeln: „Sie sind unter Druck." In diesem Fall ist eine sofortige Antwort notwendig.

Wenn Aktives Zuhören angewendet wird, sind die folgenden Angewohnheiten, die übrigens die meisten Menschen haben, tabu:

- **Nach einem Gefühl fragen**
- **Interpretieren**
- **Gefühle herunterspielen, bagatellisieren, beschwichtigen – sich einbringen**
- **Ratschläge erteilen**

Es ist eigentlich klar, daß solche Angewohnheiten auch im normalen Dialog nicht eben populär sind. Man sollte sie sich deshalb generell abgewöhnen.

Damit kann der eigene Sympathiewert im Sinne des Emotional Selling stark erhöht werden. Man findet es immer sehr sympathisch, wenn jemand zuhören kann. Bestätigt er ab und zu noch ein eigenes Gefühl, empfindet man das als völliges Verständnis.

Menschen, die sich oft einbringen, voll von Ratschlägen sind und dauernd moralisieren, beschwichtigen und alles mögliche interpretieren, sind einem hingegen unsympathisch.

Gefühlsausdrücke sind ungewohnt

Will man Aktives Zuhören anwenden, ist man auf Gefühlsausdrücke angewiesen, wie z. B. „Das beschäftigt Sie.", „Das tut Ihnen weh!".

Es zeigt sich nun, daß solche Gefühlsausdrücke nicht mehr Bestandteil des aktiven Wortschatzes sind. Man hat diese Ausdrücke seit der Kindheit fast nie mehr verwendet.

Frauen sind da etwas besser dran als Männer. Männer mußten schon als kleine Jungen lernen, ihre Gefühle zu unterdrücken: „Bei Tisch wird nicht geweint, wenn du weinen willst, geh' in dein Zimmer!"

Und nun soll man plötzlich diese Ausdrücke im Gespräch wieder verwenden! Das macht am Anfang etwas Mühe.

Um über die ersten Schwierigkeiten hinwegzukommen, sollte man sich einen kleinen Spickzettel mit den wichtigsten und gängigsten Gefühlsausdrücken und den wichtigsten emotionalen Fragen anlegen.

Die umstehende Checkliste „Wichtige Gefühlsausdrücke und emotionale Fragen" enthält die gängigsten Ausdrücke, aus der man nach eigenem Geschmack einen solchen Spickzettel anlegen kann. Wer sich umfassender orientieren will, kann die nachfolgende Checkliste „Die meisten Gefühlsausdrücke" konsultieren.

Wichtige Gefühlsausdrücke und emotionale Fragen (Checkliste)

Sie sind:
- beeindruckt
- zuversichtlich
- froh
- hoffnungsvoll
- zufrieden
- begeistert
- fasziniert
- gespannt
- erleichtert
- nachdenklich

Sie fühlen sich:
- gut
- im Stich gelassen
- hintergangen
- zurückversetzt
- übergangen
- verschaukelt
- zurückgewiesen
- mutlos
- erschöpft

- skeptisch
- im Zweifel
- verunsichert
- unzufrieden
- enttäuscht
- verärgert
- beunruhigt
- bedrückt
- befangen
- schockiert

- schlecht
- unfair behandelt
- betrogen
- übervorteilt
- vernachlässigt
- hereingelegt
- unter Druck gesetzt
- verletzt
- niedergeschlagen
- allein gelassen

- Das freut Sie
- Das befriedigt Sie
- Das ist für Sie wichtig
- Das erfüllt Sie mit Stolz
- Das macht Sie glücklich
- Das überrascht Sie
- Das ist Ihnen unangenehm
- Das bereitet Ihnen Kummer
- Das ist Ihnen peinlich

- Das beschäftigt Sie
- Das ärgert Sie
- Das bedrückt Sie
- Das belastet Sie
- Das schockiert Sie
- Das macht Sie hilflos
- Das stimmt Sie sorgenvoll
- Das regt Sie auf
- Das gibt Ihnen Mut

- **Was bedeutet Ihnen das?**
- **Worauf kommt es Ihnen am meisten an?**
- **Was ist Ihnen am wichtigsten?**
- **Was ärgert Sie daran am meisten?**
- **Was stört Sie daran am meisten?**
- **Was belastet Sie daran am meisten?**
- **Was beeindruckt Sie am meisten?**
- **Was gefällt Ihnen daran am besten?**
- **Was fasziniert Sie daran am meisten?**

Die meisten Gefühlsausdrücke

(Checkliste)

Sie sind:
- zufrieden
- fröhlich
- erwartungs-
  voll
- glücklich
- froh
- heiter
- guter Laune
- guter Stimung
- zuversichtlich
- ausgeglichen
- stolz
- erleichtert
- ratlos
- erstaunt
- beeindruckt

- gerührt
- begeistert
- gespannt
- entsetzt
- außer sich
- verärgert
- ungeduldig
- besorgt
- schockiert
- neugierig
- unsicher
- verunsichert
- zerknirscht
- pessimistisch
- enttäuscht
- entrüstet
- aufgewühlt

- traurig
- skeptisch
- untröstlich
- unschlüssig
- zornig
- beleidigt
- beunruhigt
- lustlos
- verzweifelt
- verwirrt
- sauer
- deprimiert
- verbittert
- befangen
- nachdenklich
- bedrückt
- betrübt

- erregt
- im Zweifel
- wütend
- verängstigt
- mißtrauisch
- bestürzt
- unglücklich
- unzufrieden
- befangen
- hoffnungsvoll
- fasziniert
- angespannt
- freudlos
- gelassen
- motiviert

Sie fühlen sich:
- gut
- geborgen
- überrumpelt
- verpflichtet
- hintergangen
- betrogen
- verletzt
- betroffen
- gedemütigt
- unbeachtet
- ausgebrannt
- schlecht
- im Stich gelassen
- niedergeschlagen

- wohl
- herausgefor-
  dert
- mißmutig
- übergangen
- unverstanden
- vernachlässigt
- unter Druck
  gesetzt
- ausgestoßen
- eingeengt
- betreten
- völlig leer
- allein gelassen
- zurückgewiesen

- erschöpft
- bedrängt
- minderwertig
- verulkt
- überflüssig
- beschämt
- beleidigt
- hereingelegt
- unbeweglich
- mißachtet
- beobachtet
- überlistet
- mutlos

- gekränkt
- vergewaltigt
- unfair
  behandelt
- verschaukelt
- isoliert
- übervorteilt
- ausgelacht
- abhängig
- ernüchtert
- zurückversetzt
- mißbraucht
- beklemmt

Sie haben:
- Hoffnung
- ein gutes Gefühl
- Bedenken

- Selbstvertrauen
- ein schlechtes
  Gefühl
- Zweifel

- Angst vor …
- das Vertrauen
  verloren

- Das freut Sie
- Das schätzen Sie
- Das beruhigt Sie
- Das bestärkt Sie
- Das beglückt Sie
- Das befriedigt Sie
- Das erfüllt Sie mit
  Stolz
- Das ist Ihnen unangenehm
- Das macht Ihnen zu schaffen
- Sie fühlen sich auf den Arm
  genommen

- Sie befürchten …
- Das bedrückt Sie
- Das überrascht Sie
- Das regt Sie auf
- Das gibt Ihnen Mut
- Das belastet Sie
- Das macht Sie
  hilflos

- Das ist wichtig für
  Sie
- Das beschäftigt Sie
- Das schockiert Sie
- Das ist Ihnen
  peinlich
- Das schmerzt Sie
- Das ärgert Sie

- Das bereitet Ihnen Kummer
- Das macht Sie glücklich
- Sie kommen nicht davon los
- Das stimmt Sie sorgenvoll

Weiterführende Literatur über Techniken des Emotional Selling

Bandler, Richard/Grinder, John: Strukturen subjektiver Erfahrung, Ihre Erforschung und Veränderung durch NLP, Junfermann, Paderborn, 1985

Goleman, Daniel: Emotionale Intelligenz, München, 1996

Holzheu, Harry: Natürliche Rhetorik, Econ, Düsseldorf, 5. Auflage 1998

Holzheu, Harry: Natürliches Verkaufen, Econ, Düsseldorf, 1995

Holzheu, Harry: Ehrlich überzeugen, Econ, Düsseldorf, 1996

Murphy, Joseph: Die Macht des Unterbewußtseins, Genf, 1990

Peale, Norman: Die Kraft positiven Denkens, Zürich, 1991

Rogers, Carl R.: Die klientenzentrierte Gesprächspsychotherapie, Kindler, München, 1981

Schirm, Rolf W.: Die Biostruktur-Analyse, IBSA Institut für Biostruktur-Analysen AG, CH-6342 Baar, 1996

Warum Emotional Selling?

Verkaufen ist definitiv out. Viele Menschen haben gegenüber dem Begriff „Verkaufen" Vorbehalte. Er ist negativ besetzt. Man denke nur an den griechischen Gott **Hermes,** die Römer nannten ihn **Merkur.** Er war der Gott der Gauner und der Kaufleute zugleich …

Verkaufen wird oft mit „über den Tisch ziehen" assoziiert. Für viele bleibt verkaufen eine unseriöse Aktivität. Deshalb spricht man eher von „Vertrieb" oder von „Marketing". Neuerdings sogar von „Clienting".

Und doch kann kein Unternehmen existieren, ohne seine Dienstleistungen, Produkte oder anderen Handelsgüter zu verkaufen.

Was ist denn die Alternative? Wie kann „Verkaufen" als seriöse und absolut notwendige Aktivität Anerkennung finden?

Mit dem Emotional Selling bekommt Verkaufen ein anderes Niveau.

Emotionale Kundenbindung

Warum kauft ein Kunde? Warum kommt er immer wieder?
Warum bleibt er einem Lieferanten treu?
Gibt es überhaupt noch Kundentreue?
Es gibt sie vielleicht nicht mehr so häufig wie früher,
aberes gibt sie sicher immer noch. Und sie ist wieder im
Kommen.

Lieferantentreue heißt Kundenbindung. Das wird allgemein angestrebt. Aber der Kunde oder die Kundin läßt sich
nicht mehr durch Gewohnheit, Zwänge, Abhängigkeit und
zu enge Beziehungen binden.

Es ist ähnlich wie mit diesen sogenannten „alten Bekannten": Sie sind einem zwar inzwischen nicht mehr ganz so
lieb, doch aus Trägheit kümmert man sich nicht darum,
solche Beziehungen durch neue zu ersetzen. Auch das ist
eher vorbei. Man wird zunehmend offener, um neue Bekanntschaften zu machen, andere Menschen kennenzuler-
nen. Man tut sich leichter als früher, mit anderen Menschen Kontakte anzuknüpfen und sie näher kennenzuler-
nen. Vielleicht kommt das, wie vieles andere auch, aus den
USA zu uns herüber – dieses „non-commital", unverbindli-
che, lockere und leichte Kennenlernen, sich unterhalten,
Erfahrungen austauschen, plaudern.

*Kunden achten heute viel stärker auf die Qualität der
zwischenmenschlichen Beziehungen.* Neben Qualität und
Preis des Angebotes (gutes Preis-Leistungs-Verhältnis), verlangen die Kunden heute mehr. Sie stellen klare sachliche
Ansprüche und haben meist höhere Service-Erwartungen.
Dazu kommt, daß Sie gegenüber den Lieferanten oft mißtrauisch geworden sind. Das heißt, bevor man damit
beginnen kann, Vertrauen aufzubauen, muß zuerst Mißtrauen abgebaut werden. Das erreicht man nicht mit sach-

lichen Argumenten alleine – dazu braucht es menschliche Wärme und Wertschätzung.

Die meisten Menschen haben ein Zuwendungsmanko. Die kleinen Zellen wie Ehe, Familie, Lebensgemeinschaft trocknen immer mehr aus. In allen Zimmern stehen Fernsehapparate. Der Computer beansprucht die meiste Arbeitszeit. Diese technisierte Welt reduziert zwischenmenschliche Kontakte immer mehr. Deshalb wird solchen Kontakten, wenn sie dann einmal stattfinden, ein höherer Stellenwert beigemessen als früher.

Verlangt wird herzliche Freundlichkeit und Zuwendung. Wenn sich die verschiedenen Anbieter in allem immer mehr angleichen, so können sie sich doch sehr stark unterscheiden: im zwischenmenschlichen Bereich. Dort, wo man mit viel menschlicher Wärme und Zuwendung empfangen wird, dort geht man auch gerne wieder hin. Eine rein sachliche Haltung wird als kühl und abstoßend empfunden.

Emotionale Kundenbindung kann nur übers Herz aufgebaut werden. Es gibt bereits einige sehr erfolgreiche Unternehmen, die erkannt haben, daß Kunden vor allem Menschen sind, die wie Menschen behandelt werden wollen. Leider sind sie noch in der Minderzahl. Man spricht zwar vermehrt von Kundenbindung und stellt den Kunden in den Mittelpunkt, aber vielerorts sind das reine Lippenbekenntnisse, und die Realität sieht anders aus. Fragebögen, die in Hotelzimmern oder bei der Kasse im Warenhaus aufliegen, schaffen keine bessere Atmosphäre. Ganz im Gegenteil: Wer füllt schon gerne solche Fragebögen aus, wo es heißt: „Wie waren Sie mit uns zufrieden?" Das ist beinahe eine Vertrauensfrage, die man so nicht stellen dürfte.

Echte Freundlichkeit kann man nicht reglementieren. Man spürt sofort, wer von seinen Vorgesetzten den Auftrag erhalten hat, mit den Kunden freundlich zu sein, und wer es von sich aus ist. Dieser Unterschied macht es aus. Doch wie kann erreicht werden, daß das ganze Personal, ohne Ausnahme, herzlich-freundlich mit den Kunden umgeht? Es ist sicher eine Frage der Sinnfindung. Macht die Tätigkeit, die den Mitarbeiterinnen und Mitarbeitern täglich abverlangt wird, auch noch einen tieferen Sinn? Oder ist sie nichts als eine lästige Pflicht, die man erfüllen muß?

Wie kann erreicht werden, daß der Angestellte in der Buchhaltung einen Kunden, der seine Rechnung noch nicht bezahlt hat, soweit bringt, daß er seine Verpflichtung erfüllt, ohne daß er dabei schlechte Gefühle bekommt?

Wie bringt man einem Chauffeur bei, daß er bei der Auslieferung der bestellten Ware auch noch herzlich-freundlich mit den Kunden umgeht, auch wenn er den ganzen Tag im Stau gestanden hat?

Wie kann jeder Mitarbeiter in einem Unternehmen, der zufällig einen Telefonanruf eines enttäuschten, reklamierenden Kunden entgegennimmt, lernen, diesen Kunden in kurzer Zeit zu beschwichtigen und zu beruhigen?

Eine einzige, unglückliche Äußerung kann genügen, einen Kunden endgültig zu verlieren. Emotionale Kundenbindung kann nur erreicht werden, wenn alle, die mit Kunden Kontakt haben, menschlich und psychologisch optimal mit ihnen umgehen wollen und können. Im Kapitel „Emotional Personal Selling" geben wir Impulse, die zu einer dauerhaften emotionalen Kundenbindung führen.

Verkaufen ist: „Kaufen machen"

Wie finden die Kunden den Weg zu uns? Wie können wir sie dazu bringen, sich an uns zu wenden? Was können wir tun, damit sie bei uns auch wirklich kaufen, wenn sie einen Bedarf haben?

Unternehmen, die Antworten auf diese Fragen gefunden haben, sind erfolgreich. Andere, die zu offensiv den Weg zu den Kunden suchen, um ihnen etwas zu verkaufen, investieren in die falsche Richtung und haben Mühe zu überleben.

Ware anbieten genügt nicht. Präsentieren heißt noch lange nicht verkaufen. Eine geschmackvolle und ausgesucht luxuriöse Zurschaustellung allein genügt nicht. Für den Vertrieb von Verbrauchsgütern, Luxusartikeln und Dienstleistungen aller Art wurde eine schöne Präsentation als ein besonderes Leistungsangebot für die Konsumenten des Mittelstandes betrachtet. Je repräsentativer die Gebäude, je luxuriöser die Ausstattung der Verkaufsräume, je schöner die „Erlebniswelten", die zu einem „unvergeßlichen Einkaufserlebnis" führen sollten, desto mehr Absatz und Umsatz hatte man sich versprochen.

Aber das hat in Europa lange nicht überall funktioniert. Die erhofften Umsatzsteigerungen blieben aus, und vielerorts ging der Umsatz sogar zurück. Obwohl teilweise Millionen investiert wurden, blieben die Massen fern oder – wenn sie überhaupt kamen – kauften sie nichts oder nur wenig ein.

In den USA und in Asien gibt es die prunkvollsten Einkaufs-Erlebniswelten, sogar in Südafrika. Diese Luxuszentren sind jedoch absolut erfolgreich und werden als trendbestimmend betrachtet. Sie richten sich allerdings eher an die Oberklasse.

Die Gründe für den europaweiten Verkaufsflop liegen

einerseits darin, daß dem Mittelstand das nötige Geld zum Einkaufen fehlt oder daß es aus Angst um den Arbeitsplatz bzw. wegen der wirtschaftlichen Verunsicherung alles andere als leichtfertig ausgegeben wird. Sparen ist Trumpf. Zugleich ist bei vielen Produkten ein Preisverfall im Gange. Man wartet einfach zu, bis die Preise noch tiefer sinken. Der Schweizer Schriftsteller Peter Bichsel sagt: „Wenn die Menschen nur noch halb soviel verdienen wie heute, kosten die Produkte auch nur noch halb soviel." Vielleicht glauben viele an diese These und halten deshalb weiterhin mit dem Einkaufen zurück.

Andererseits kam im Konsumgütersektor der Konsument zu kurz. Es wurde keine echte Überzeugungsarbeit geleistet. Man hat gedacht, die Produkte und Angebote verkaufen sich ganz von selbst, wenn sie nur in einem würdigen Rahmen präsentiert werden. Aber Verkaufen war schon immer erfolgreiches Kommunizieren.

Die zwischenmenschliche Kommunikation wurde im Verkauf in Europa weitgehend vernachlässigt. Der Kunde wurde vom Verkaufspersonal oft gar nicht wahrgenommen, ignoriert, nicht ernst genommen und sogar schlecht behandelt.

Das Topmanagement hat sich vom Verkauf distanziert. Verkaufen war unter ihrer Würde. Dazu hatte man das Verkaufspersonal. Und dieses Personal wurde schlecht bezahlt und schlecht ausgebildet.

Das alles wird sich ändern müssen. Und zwar muß Verkaufen ganz anders angegangen werden als bisher. Die Kommunikation mit dem Kunden muß viel intensiver, zugleich aber lockerer und ohne deutliche Verkaufsabsichten erfolgen. Das Ziel darf nicht gleich ein Kauf sein. Man unterhält sich einfach mit dem Konsumenten, informiert, zeigt Verständnis und spricht seine Emotionen an. So wird Kauflust geweckt. Im Sinne des Emotional Selling wird das Verkaufen endlich den Stellenwert erhalten, den es schon lange verdient. Es ist kein „Verkaufen", sondern „Kaufen machen" – mit anderen Worten: nicht offensives oder gar aufdringliches Verkaufen, sondern herzlich-freundliche Veranlassung zum Kauf.

Das Emotional Selling ist die Zukunft. Wir lernen es wieder von den Asiaten. Diese sind fast ausnahmslos freundlich und zuvorkommend zu ihrer Kundschaft. Wer dies nicht lernt, scheidet aus dem Wettbewerb aus. Deutschland, Österreich und die Schweiz haben hier einen riesigen Nachholbedarf. Deshalb ist dieses Buch notwendig.

Die Konsumkrise kann noch lange dauern

Diese Konsumkrise hat niemand erwartet. Als 1989 die Mauer zwischen Ost und West zusammenbrach, sagte Bundeskanzler Helmut Kohl einen dauerhaften Aufschwung voraus, der sich aber seither nie eingestellt hat. In der Schweiz prognostizieren die Wirtschaftsspezialisten jedes Jahr eine positive Konjunktur, doch bisher ist sie jedes Jahr ausgeblieben. Auch die Franzosen warten auf den Aufschwung, den sie so dringend nötig hätten.

Die einzigen EU-Staaten, in denen ein Aufschwung stattgefunden hat, sind Großbritannien, Portugal, Dänemark und Luxemburg. Auch die Oberitaliener verzeichnen gute Konjunkturdaten. Unter den ehemaligen Ostblockstaaten stehen trotz der permanenten Konjunkturschwankungen Polen, Slowenien, Tschechien und Ungarn wirtschaftlich heute am besten da. Der Rest Europas bleibt gemessen an den Erwartungen eine Wachstumswüste.

In ganz Europa hat sich ein kleiner Teil der Bevölkerung

von der Stagnation abgekoppelt und lebt in Saus und Braus. Sie sind die Reichen (die Neureichen), die Erfolgreichen, die Symbole des neuen Aufschwungs und auch der Kauflust. Sogar eine Minderheit von vielleicht 10.000 Russen zählt zu dieser wirtschaftlichen Oberschicht Europas, die immer reicher wird, während immer größere Teile der Bevölkerung immer ärmer werden.

Von den verschiedenen Wirtschaftssparten hat sich die Investitionsgüterindustrie, die über längere Zeiträume denken und planen muß, früh auf diese Situation eingestellt. Die heute erfolgreichen und aktiven Maschinen- und Anlagenbauer – die wenigen, die noch übriggeblieben sind – haben die Trends bald erkannt und sind nach Osteuropa und Asien ausgewandert. Sie erzielen heute wieder gute Umsätze und Gewinne.

Die Banken und Versicherungen haben wesentlich länger gebraucht, die wirtschaftliche Tauchbewegung zu begreifen. Sie waren es auch, die den Konsumenten am längsten die Idee verkauften, es werde schon besser. Sie haben eine falsche Zuversicht vermittelt und zu leichtfertig Kredite gewährt. Mittlerweile machen sie Abschreibungen in Milliardenhöhe.

Voll von der Konsumkrise betroffen sind der Einzelhandel und viele Hunderttausende von Gewerbebetrieben. Die großen Firmen haben zu hohe Fehlinvestitionen gemacht. Die kleinen Firmen lebten – solange sie noch lebten – von der Selbstausbeutung ihrer Eigentümer, die immer länger und immer mehr arbeiten mußten. Überlebt hat nur, wer keine Schulden hatte. Wie meistens hat sich die schlechte Wirtschaftslage am unmittelbarsten auf die Baubranche ausgewirkt, die von Staatsinvestitionen und Baukrediten gelebt hat. Heute hat der Staat kein Geld mehr und die Banken wollen keines mehr geben, wo sie doch früher mit Hypotheken geradezu um sich geschmissen haben. So mancher Bauunternehmer mußte Pleite machen, und die Zwangsversteigerungen von Liegenschaften nehmen dramatisch zu.

Und der Konsument? Er ist im allgemeinen tiefer verschuldet als jemals in den letzten 50 Jahren. Er kauft sich ein Auto nicht mehr, er hat es geleast. Er lebt immer mehr auf Kredit und sucht trotzdem zu sparen, wo es ihm möglich ist. Gleichzeitig bekommt er von Politikern zu hören, daß das Gehaltsniveau zu hoch sei und in den nächsten Jahren um 20–30% sinken sollte.

Wo soll sich Konsumlust einstellen? Es gibt sie nicht mehr als Massenerlebnis. Kauflust ist nur noch die Lust einer Minderheit, die jeden Monat kleiner wird. Man kauft nicht mehr einfach so, weil man gewöhnt ist, in einer Konsum- und Wegwerfspirale zu leben. Man kauft nur noch, was man unbedingt braucht – oder zu brauchen glaubt.

Es ist allerdings ein Trugschluß zu denken, Überlegungen dieser Art – ob man nun etwas brauche oder nicht – seien rein rational. Sie sind im Gegenteil oft sehr emotional. Man glaubt, etwas zu brauchen, weil einem diese Idee emotional verkauft wird. Mit Emotional Selling.

Die Produkte werden immer genormter

Um günstiger zu produzieren, sind die Unternehmen gezwungen, sich zu immer größeren Einheiten zusammenzuschließen. Für die Masse der Bevölkerung werden viele Produkte immer genormter, immer billiger und immer einfacher vergleichbar und austauschbar.

Wenn früher zweimal im Jahr die Mode wechselte, so erleben wir heute den totalen Modezirkus, wo alles möglich

173

und alles erlaubt ist. Oberflächlich gesehen ist der Schnitt- und Farbenwechsel enorm eindrucksvoll. Wer aber hinter die Kulissen blicken kann, erkennt die Computer- und Informationsnetzwerke, die solche schnelle Anpassungen und Veränderungen möglich machen. Charakter wird in der Mode sehr exklusiv. Schrille Buntheit tritt an seine Stelle.

Wer noch in der Kö in Düsseldorf oder an der Bahnhofstraße in Zürich einkaufen kann, findet dort exklusive Objekte erstklassiger Machart mit phantastisch hohen Preisen. Draußen aber, in den anonymen Großstädten Europas, in den Vororten, die von einer wachsenden Zahl von Arbeitslosen und Emigranten bewohnt werden, dominieren die riesigen Einkaufszentren mit ihren Serienprodukten. Sie sind alle billig, weil sie in großen Mengen und oft auch in Billiglohnländern hergestellt werden. Immer mehr Menschen können sich nur Normprodukte leisten: die Älteren und die ganz Jungen. Wer im aktiven Wirtschaftsleben steht und zwischen 25 und 40 Jahre alt ist, wird sich zwar heute noch exklusive und teure Produkte leisten können, aber wahrscheinlich von Jahr zu Jahr weniger. Der Trend zum genormten Billigprodukt schreitet immer weiter fort.

Die Persönlichkeit des Verkäufers entscheidet über Erfolg oder Mißerfolg

Einmalige, exklusive und teure Produkte und Dienstleistungen anzubieten, ist eine großartige Sache. Was aber tun die 90 Prozent aller Manager und Verkäufer, die eine Standardware absetzen müssen? Sie leiden. Und arbeiten immer härter. Und holen sich oft schon in sehr jungen Jahren einen Herzinfarkt oder ein Magengeschwür.

Die Verkäufer sind heute mehr gefordert als jemals zuvor in der jüngeren Geschichte der freien Marktwirtschaft. Die Organisationen, in denen sie Arbeit finden, werden seit Jahren immer schlanker gemacht, ihre Firmen fusioniert. Die Arbeitsbedingungen in diesem Beruf verschlechtern sich zunehmend. Erfolgreich überleben können nur noch die Besten, die Klügsten und die Härtesten.

Es ist der gute Verkäufer, der allein mit seiner Persönlichkeit über den Erfolg oder Mißerfolg seiner meist genormten und daher austauschbaren Produkte entscheidet. Ob der Kunde beim einen oder anderen Lieferanten kauft, es ist immer das gleiche. Es ist nur noch die Verkäuferpersönlichkeit mit einer positiven Einstellung und Ausstrahlung, die als besonderer Faktor einem Unternehmen zum Erfolg, zum Kaufvertrag, zur Unterschrift verhilft. Wenn die Persönlichkeit der Produkte abnimmt, muß die Persönlichkeit der Verkäufer zunehmen. Ein Unternehmen, dem dies gelingt, kann sich nur gratulieren.

Die Unternehmen stehen vor der Wahl:

- ein Superprodukt zu haben

- oder ein überlegenes Marketing mit überlegener Kommunikation

- oder ein großartiges Vertriebssystem mit optimalen Mitarbeitern, die auch das allernormalste Produkt als besondere Leistung an die Frau oder an den Mann bringen.

Einige herausragende Beispiele solcher Unternehmen:

- Tupperware und Avon haben die großartigsten Verkaufsteams aufgebaut, die auf der Basis zwischenmenschlicher Beziehungen verkaufen.

- General Motors oder Rockwell, amerikanische Export-konzerne, die sich dem Weltmarkt stellen, haben Vertriebsmannschaften aufgebaut, von denen andere Unternehmen nur lernen können.

- Die Führungskräfte von Schweizer Privatbanken haben weltweit erfahrene Mitarbeiter mit hoher Fach- und Sozialkompetenz herangezogen, die von Bogotá bis Singapur und von St. Petersburg bis Johannesburg perfekt verkaufen.

- Deutsche und schweizerische Versicherungskonzerne haben Geschäftssysteme mit hervorragenden Fachleuten aufgebaut, die deshalb zu den weltbesten gehören.

Eines haben alle diese Unternehmen gemeinsam: Sie investieren in ihre Verkaufsteams. Sie bauen deren Selbstvertrauen auf. Sie motivieren ihre eigenen Teams in einem Maße, das sie zu Siegern werden läßt. Sie müssen jedoch nicht kämpfen, um zu siegen. Sie gewinnen locker, fast spielerisch. Sie wenden Emotional Selling an.

Was können wir von den Amerikanern lernen?

Die Amerikaner waren einmal, von den 50er bis zu den 70er Jahren, die weltbesten Verkäufer. Sie wurden dann von den erstarkenden Japanern und Deutschen eingeholt und in vielem sogar überholt. Dabei wird aber meist vergessen, daß die besten Japaner und Europäer ihr Verkaufs-Know-how vor allem von den Amerikanern gelernt haben. Und das gilt noch immer. Die Amerikaner werden heute etwas unterschätzt, sind uns aber in Wahrheit wieder um

Nasenlängen voraus. Was machen die amerikanischen Unternehmen besser?

Es sind meist nur drei Dinge:

1. Sie sorgen für einen guten Firmenauftritt und ein gutes Image.
2. Sie tun nichts, was sich nicht über Zahlen kontrollieren und innerhalb kürzester Zeit ändern läßt.
3. Sie betreiben – in den besten Unternehmen – eine ganz ausgezeichnete Personalpolitik.

Der oberste Boß soll sich mehr zeigen. Sprechen wir kurz vom Firmenauftritt oder Image. Die amerikanischen Unternehmer und ihre Spitzenmanager sind sich nicht zu schade, immer in enger Verbindung mit ihren Produkten oder Dienstleistungen gezeigt zu werden. Sie verkaufen selbst, sie stehen am Schalter, sie führen ihre Autos vor oder besuchen ihre Produktionsstätten, wo sie sich auch fotografieren und filmen lassen. Haben Sie schon einmal einen Generaldirektor einer europäischen Großbank hinter einem Bankschalter gesehen? Oder einen Einzelhandelschef in seiner Trendboutique? Die Beispiele ließen sich unendlich fortsetzen. Was wir von Amerikanern immer und immer wieder lernen können, ist der direkte Auftritt im eigenen Haus oder beim Kunden.

Zahlen lügen meist nicht. Wenn alles über Zahlen kontrolliert und innerhalb kürzester Zeit geändert werden kann, dürften eigentlich keine Probleme entstehen. Es ist tatsächlich beeindruckend, mit welcher Geschwindigkeit bei den US-Firmen Ergebniszahlen im Detail gerechnet, kommentiert und präsentiert werden. Das ist deren Grundlage erfolgreichen Handelns, denn notwendige Korrekturen können sofort vorgenommen werden. Wir Europäer lassen uns vielerorts noch zuviel Zeit für die Erstellung und Handhabung des Zahlengerüstes. Oft wird die Geschäftsleitung mit allzu optimistischen Prognosen zu lange in Sicherheit gewiegt, bis es zu spät ist. Das ist fatal. Ohne das korrekte, stets nachgeführte Zahlen-Knochengerüst der Führung kann auch nicht richtig und rechtzeitig gehandelt werden. Wer gut verkaufen will, wer Selbstvertrauen haben will, braucht dazu stets die richtigen Zahlen.

Unsere Personalpolitik ist oft zu träge und zu langsam. Bei der ausgezeichneten amerikanischen Personalpolitik fällt zweierlei auf:

- Wer nichts leistet, muß gehen, rascher als bei uns in Europa.
- Hinter jeder Führungskraft, auch der im Verkauf, steht eine Nummer zwei, die einspringen kann, wenn dies notwendig ist.

Wir müssen von unseren Mitarbeiterinnen und Mitarbeitern, vor allem jenen im Verkauf, mehr Leistung verlangen. Und wir müssen die Voraussetzungen schaffen, daß mehr Leistung möglich ist. Da hat sich in den letzten fünf Jahren schon sehr viel geändert. In den besten zehn Prozent aller Unternehmen werden diese Spielregeln bereits sehr konsequent in die Praxis umgesetzt. Allerdings besteht für jedes Unternehmen die Gefahr, wieder in eine schlechtere Praxis zurückzufallen.

In 90 Prozent aller Unternehmen wird noch zu wenig von den Mitarbeitern verlangt, vor allem was qualitative Arbeit anbelangt.

Viele Chefs haben sogar Angst davor, solches zu fordern. Der falsch verstandene Teamgeist ist eine der Wurzeln des Mißerfolgs. Teams sind nur dann gut, wenn sie auch geführt werden, meint der Nestlé-Chef Helmut Maucher, einer der erfolgreichsten Topmanager weltweit. Wer seine

Teams nicht gut führt, wird gemeinsam mit ihnen stürzen. Ungenügend produktive Mitarbeiter können jedoch nur dann ersetzt werden, wenn hinter ihnen bessere Mitarbeiter stehen. Hier werden in Europa Fehler über Fehler gemacht. Die guten Nachwuchsmitarbeiter werden viel zu wenig gefördert. Zu groß ist die Angst, sie könnten eines nicht allzu fernen Tages am eigenen Stuhl sägen. Echte Professionalität zu haben, heißt aber, die besten Nachwuchsmitarbeiter zu entdecken und zu fördern.

Emotionaler Zusammenbruch als Risiko

Wenn Emotionen mehr als die Hälfte des Verkaufsgeschäfts bestimmen, wie es sicher in der Mode- und Automobilbranche, aber auch bei Banken und Versicherungen der Fall ist, dann erwächst daraus ein neues Risiko, das des emotionalen Zusammenbruchs.

Letztlich ist hierin der Grund zu suchen, weshalb sich professionelle Führungskräfte vor zuviel Emotion hüten. Sie befürchten das emotionale Risiko bis hin zum Zusammenbruch. Sie haben Angst, daß die Emotionen mit ihnen davonlaufen. Wehe, wenn sie losgelassen sind!

Ist es möglich, Emotionen zu stabilisieren? Selbstverständlich sind Emotionen etwas zutiefst Menschliches. Sie stehen in direktem Zusammenhang mit persönlichen Erlebnissen und Erfahrungen. Wer daher auf einen „emotionalen Star" setzt, wie dies die Unterhaltungsbranche tut, ist vor Zusammenbrüchen nicht gefeit.

Ein Unternehmen ist darauf angewiesen, eine „emotionale Großwetterlage" herzustellen. Nicolas G. Hayek, der Schweizer Uhrenkönig und einer der weltbesten Verkäufer, sieht sein Unternehmen, den weltgrößten Uhrenkonzern SMH, als emotionales Unternehmen. Sicher ist dies nur die halbe Wahrheit, denn gerade Emotionen müssen von stabilen Strukturen unterlegt sein. Aber die andere Hälfte wird meist unterschätzt: Wer für sein Unternehmen eine emotionale Großwetterlage erzeugt, wird die Konkurrenz besiegen. Dazu braucht ein Unternehmen charismatische Führungspersönlichkeiten mit hohen organisatorischen Fähigkeiten. Das Charisma solcher Spitzenmanager ergreift das ganze Unternehmen und führt es zu Spitzenleistungen.

Charisma aber ist rein emotional. Es ist eine besondere Art der persönlichen Ausstrahlung, die auf einem unerschütterlichen Credo basiert. Ohne Credo kein Charisma. Siehe das Kapitel „Emotional Personal Selling".

Ist auch der Kunde emotional?

Hunderte Millionen Kunden kaufen – 24 Stunden am Tag – rund um den Globus Waren und Dienstleistungen ein. Das bedeutet Chancen für Millionen von Verkäufern, die begriffen haben, daß der Kunde zwar rechnen muß, aber, wenn er einmal gerechnet hat, seinen Emotionen meist voll ausgeliefert ist. Die Emotionen bringen ihn dazu zu kaufen.

Der Kunde ist ein hoch emotionales Wesen. Er wartet darauf, daß ihm Emotionen entgegengebracht werden: vom Unternehmen mit seinen Botschaften und Handlungen und vor allem auch von seinen Mitarbeitern durch deren Einstellung und Verhalten. Wer dies einmal begriffen und in die Praxis umzusetzen begonnen hat, wird sich vor Kunden nicht mehr retten können. Er muß dann nur noch seine Strukturen ständig anpassen, um diese Kunden nicht zu enttäuschen.

Die deutsche Mode hat den Weltmarkt erobert, deutsche Autos sind die besten der Welt, die amerikanischen Präsidenten haben ein Schweizer Armeemesser in der Tasche oder tragen eine Schweizer Uhr. Viele andere Politiker und Unternehmer haben ihr Konto (noch) bei einer Schweizer Bank. All dies sind hochemotionale Vorgänge, die mit Qualitätsbegriffen, Angst, Sicherheit und Vertrauen zu tun haben.

Wenn sogenannte rationale und gebildete Menschen derart emotional einkaufen, um wieviel mehr gilt dies für Menschen, die keinerlei Überblick über die heutige Warenwelt haben?

Was am emotionalsten eingekauft wird, sind Medien. Jeder kauft seine Lokalzeitung ohne zu überprüfen, welche andere besser sein könnte. Jeder schaltet den TV-Sender, die TV-Sendung ein, die seinen Emotionen am besten entspricht, vor allem am Abend eines langen Arbeitstages. Wer redet hier von intellektueller Führung? News und Unterhaltung verkaufen sich mit Emotional Selling am besten.

Emotionalität in der wirtschaftlichen Praxis

Dies führt uns zu einem der geheimsten Themen der heutigen Zeit. Sind unsere Führungskräfte, unsere Chefs, unsere Mitarbeiter wirklich derart sachlich urteilende, intelligente Menschen, wie sie von sich behaupten oder wie es von ihnen verlangt wird? Wahrscheinlich sind sie es keineswegs. Gerade diejenigen, die vorgeben, alles rational zu beurteilen und zu entscheiden, gerade diejenigen, die sich so geben, als hätten sie keine Gefühle, sind emotionaler als es ihnen selbst bewußt ist. Man kann sie fast am leichtesten von allen emotional beeinflussen. Denn sie kennen diese

Welt nicht. Um so leichter fallen sie dieser emotionalen Welt zum Opfer.

In der Industrie, wo Ingenieure und Techniker herrschen, in den meisten Unternehmen, wo heute Controller an die Spitze gerückt sind, herrscht die blanke Emotionalität. Wer kann heute schon zuverlässig budgetieren? Ein Budget zu erstellen gleicht mehr und mehr einer Lotterie. Man geht von Annahmen aus, die meist nur durch Emotionen zustande kommen. Ist man zuversichtlich, optimistisch? Hat man Vertrauen in sein Produkt, in die Zukunft? Oder ist man skeptisch, hat man Angst? Ist man großzügig oder kleinlich bei seinen Überlegungen? Hat man Mut oder Angst, sich zu exponieren?

Der Ingenieur an der Spitze einer Division oder eines Unternehmens ist längst herausgewachsen aus seiner künstlichen Sachlichkeit. Er ist von Emotionen geplagt und gejagt, meist solchen, die sich mit seinem eigenen beruflichen Überleben beschäftigen. Wer diese Emotionen erkennt und ihr Meister wird, findet zur Reife. Gleiches gilt für jene Menschen, die als die sachlichsten überhaupt gelten: Finanzchefs und Controller. Ursprünglich hatten sie als Fachleute keinerlei Führungsaufgaben, es sei denn für kleinere Stäbe. Heute ist es jedoch häufig so, daß sie an die Spitze größerer Einheiten gerückt sind und Fähigkeiten mitbringen müssen, für welche sie oft schlecht gerüstet sind. Wer ein Unternehmen erfolgreich leiten und entwickeln will, muß die Emotionalität beherrschen, die sich in solchen Unternehmen abspielt. Er muß Emotionalität, die auch negative Faktoren hat, in eine positive verwandeln und in ein System einbauen. Eine schwere Aufgabe für Manager, die nur mit Zahlen und physikalischen Strukturen umzugehen gewohnt sind.

Der EQ (emotionale Quotient) kommt vor dem IQ (Intelligenzquotient), schreibt Daniel Goleman in seinem Bestseller „Emotionale Intelligenz". Dies gilt sowohl für Führung wie für Verkauf.

Sonderfälle: Automobilhersteller, Verlage, Kirchen

Die Automobilhersteller, seien sie groß oder klein, sind bewundernswerte Strukturen unserer heutigen Zeit. Sie verbinden technische Brillanz mit höchster Emotionalität. Sie sind geradezu ein Beispiel dafür, was der Flugzeugindustrie seit ihrer Frühzeit nie gelungen ist: Wer verbindet mit einem Großraumflugzeug Emotionalität? Es gibt niemanden. Das Ding muß ganz einfach fliegen. Besser haben es die Hersteller von kleinen Flugzeugen, solcher, die nicht teurer als 30 Mio. Dollar sind. Bei diesen Mini-Linern ist viel Emotion im Spiel, fließt viel Herzblut bei der Auswahl. Hauptsächlich da, wo der Eigentümer selbst noch fliegt. *Automobilhersteller aber sind Vorbilder für andere Lieferanten hochwertiger Güter.* Sie liefern erstklassige Qualität eines Formenreichtums, einer Eleganz, einer abgestuften Leistung, die in ihrer inneren und äußeren Ausführung perfekt auf die Menschen zugeschnitten ist – weltweit. Wer via Emotionen kommunizieren will, muß sich heute an der Automobilindustrie ausrichten. Sie liefert „best practice". *Das Emotional Selling ist bei Automobilen seit Jahren im „besten Gange".* Nur so kann man die vielen Fehler entschuldigen, die sonst von Automobilverkäufern gemacht werden. Es ist beinahe schon legendär, was man alles vom Fehlverhalten dieser Verkäufer erfährt. Wenn der Kunde eben aufgrund seiner Emotionen ein Auto haben will, entschuldigt er fast alles. Er wird es allerdings niemals zugeben. Er wird nach außen hin immer rationale Gründe anführen, warum er einen bestimmten Autotyp fährt. Die eigentlichen Kaufmotive sind jedoch praktisch immer emotional. Oft kennt der Kunde die wahren Gründe, warum er ein bestimmtes Auto fährt, nicht einmal selbst.

Die folgenden Slogans der verschiedenen Marken werden nicht nur in der Werbung angebracht, sondern auch von den Autoverkäuferinnen und -verkäufern in ihren Gesprächen immer öfter verwendet:

Audi – Vorsprung durch Technik (Innovation)

Mercedes – Ihr guter Stern auf allen Straßen (Qualitätsaspekt)

Porsche – Nur Fliegen ist schöner

BMW – Freude am Fahren (Sportlichkeit, Jugendlichkeit, Dynamik)

Rover – A Class of its own (das Besondere, Englische)

Saab – Immer eine persönliche Entscheidung (Individualisten fahren Saab)

Jeep – das Original

Rolls Royce – Small things make perfection, but perfection is no small thing.

Das Beispiel **Rolls Royce** ist auch noch deshalb interessant, weil bei dieser Marke das Gefühl von Luxus mehr im Sinne von: „Man hat ihn, spricht aber nicht darüber" vermittelt wird. Das zeigt sich auch darin, daß Rolls Royce keine Angaben über Leistung und Drehmoment der Motoren macht, sondern einfach sagt: „Enough", genügend!

Beim Automobil ist auch der „Saure-Trauben-Effekt" häufig anzutreffen. Die Rationalisierung im psychologischen Sinne heißt ja, daß man jederzeit genügend rationale Gründe finden kann, um einen vorwiegend emotionalen Kaufentscheid zu rechtfertigen. Ist ein Produkt oder eine Dienstleistung jenseits aller Möglichkeiten, findet man auch genügend rationale Gründe dagegen. „Der Rolls Royce ist ein viel zu großes, ungelenkes und absolut veraltetes Auto!" Die Trauben hängen mir zu hoch, ergo sind sie sauer!

Ob groß oder klein, sportlich oder sparsam, immer findet man genügend Argumente, um sich selbst und anderen gegenüber einen Autokauf zu rechtfertigen. Allerdings wird man in Zukunft eher auf Kleinwagen umsteigen, notgedrungen, wegen der zunehmenden Parkplatznot und Verkehrsdichte.

Man darf gespannt sein auf die kommenden Klein- und Kleinstwagen. Wenn der Erfolg tatsächlich gelingt, werden es – trotz der offensichtlichen rationalen Zwänge – wiederum emotionale Gründe sein, warum ein Kleinwagen dem anderen vorgezogen wird.

Von Verlagen haben wir im Ansatz gesprochen. Sie sind höchst emotionale Strukturen. Die klassischen Verleger waren nie große Unternehmer. Sie übten ihren Beruf als Verleger aus, weil sie zufällig hineinwuchsen oder ihn aus Familientradition fortsetzten. Chefredakteure großer Verlage wie Henri Nannen oder Verleger wie Axel Springer waren ausgezeichnet in ihrem Metier, weil sie emotional ständig auf Empfang und auf Sendung waren. Von dieser Regel gibt es keine Ausnahme. Wo Verleger dies nicht sind, müssen sie früher oder später scheitern. Nur eine Frage stellt sich: Sind die heutigen Superverlage wie z. B. die Bertelsmann-Gruppe anders strukturiert? Sind sie etwa ökonomischer? Wohl kaum, wie der Blick hinter die Kulissen beweist. Bertelsmann und Kirch sind hochemotionale Strukturen, die gerade deshalb lebendig sind, weil sie emotional sind. Entsprechend groß sind die Risiken.

Emotional Selling geht den christlichen Kirchen verloren. Sie sind Opfer einer Intellektualisierung geworden, die zu ihrer Hochzeit im späten Mittelalter und in der frühen Renaissance in dieser Form nicht möglich gewesen ist. Die christliche Kirche ist Opfer ihrer Selbstzweifel geworden. Sie löst sich nicht unter Angriffen von außen, sondern von innen her auf. Daraus läßt sich viel lernen. *Wo eine Struktur nicht mehr über den Glauben an sich selbst verfügt, wo ihre Führung unsicher wird, wo die interne und externe Kommunikation nicht mehr stimmt, löst sich die Organisation auf.* Einen solchen Prozeß umzukehren, erfordert intellektuelle und emotionale Meister. Paulus war ein Meister des Aufbaus. Er glaubte ganz einfach an Jesus. Diesen Glauben, dieses Charisma strahlte er aus. Heute vermißt man bei den Predigern und Kirchenfürsten dieses Charisma.

Heute haben die christlichen Kirchen keine emotionale Kraft mehr. Sie lösen sich auf in Sekten und Kleinkirchen, die den jungen und alten Gläubigen Schund verkaufen. Sie können dies aber nur, weil der gläubige Kunde nach solchen Dienstleistungen verlangt und sie ihm mit Emotion geboten werden. Kommerziell geführte Sekten, wie z. B. Scientology und die Moon-Sekte, sind weltweit erfolgreich. Diese werben emotional und mit attraktiven Angeboten vor allem junge Leute an. Sie bieten verlockende und unterhaltsame Zusammenkünfte an, bei denen ein Sicherheitsgefühl in der Gemeinschaft vermittelt wird. Sie erzeugen Vertrauen, Geborgenheit, Zuversicht und inneren Frieden.

Beispiele von Emotional Selling

Mit den folgenden Beispielen wird dargestellt, wie mit Emotional Selling ein Unternehmen, eine Marke, ein

Produkt oder eine Dienstleistung erfolgreich verkauft wird. Die Begegnungen mit den Unternehmen sind vom Autor so erlebt und empfunden worden, wie es hier wiedergegeben wird. Das muß nicht immer der allgemeinen Praxis entsprechen. Möglicherweise haben andere Kunden und Konsumenten andere Eindrücke von den gleichen Unternehmen gewonnen. Man weiß ja: Nicht immer klappt es überall gleich gut, auch wenn eine noch so strikte „Policy" angeordnet wird. So ist der Autor z. B. im einen Mövenpick-Restaurant sehr freundlich und in einem anderen weniger gut bedient worden …

UPS (United Parcel Service)

Dieses Unternehmen spediert Pakete und andere Sendungen, die normalerweise per Post befördert werden. Leider arbeitet die Post nicht mehr so schnell und zuverlässig wie früher. Schließlich ist die Post kein privates, sondern ein staatliches Unternehmen, und da ist die Motivation der Mitarbeiter nicht immer sehr groß. Bei UPS bezahlt man für eine Sendung viel mehr als bei der Post. Dafür hat man Gewähr, daß sie schneller ankommt. Dieses Image hat UPS. Eines Tages kam man bei UPS auf die glänzende Idee, dieses Image noch zu verstärken. So sind auf der ganzen Welt die Fahrer von UPS angewiesen, immer im Laufschritt zu gehen. Sobald sie das Fahrzeug verlassen, gehen sie im Laufschritt. Man hat noch keinen UPS-Fahrer normal und langsam gehen sehen. Laufschritt vermittelt den Eindruck von Speed. Es verdeutlicht das Bemühen, schnell zu sein, schneller als die anderen.

Avis

Dieses Beispiel liegt einige Jahre zurück, aber es ist dermaßen stark, daß wir es hier erwähnen wollen. Avis und

Hertz, die beiden weltweit größten Autovermietungskonzerne, haben sich jahrelang ein Kopf-an-Kopf-Rennen geliefert, ähnlich wie Coca-Cola und Pepsi Cola. Es geschah, daß Hertz in einem Jahr mehr Umsatz machte als Avis und in der Werbung betonte: „We are No. 1".

Avis kreierte daraufhin den Slogan: „We are No. 2 – we try harder!" Eigentlich handelte es sich um ein verhaltensorientiertes Leitbild: „Wir sind die Nummer zwei, wir geben uns mehr Mühe!" Diesen Slogan konnte man überall weltweit an jedem Avis-Schalter lesen. Und so mußten sich die Avis-Mitarbeiterinnen und -Mitarbeiter mehr Mühe geben. Resultat: Nach einem Jahr war Avis die Nummer eins!

Hebel Haus

Häuser sind etwas Rationales, Festgefügtes, Beständiges. Ein Haus muß stehen und stehen bleiben. Aber dennoch haben Häuser viele emotionale Komponenten. Jemand, der ein Haus baut, legt viele Emotionen in dieses Haus hinein, oft ist es eine einmalige Tat im Leben, und die will gut überlegt sein. Hebel Haus produziert Fertighäuser und hat als einer der ersten Hersteller damit begonnen, Kunden so zu instruieren und zu beraten, daß sie das Haus weitgehend selbst bauen können. Mit Seminaren, Videobändern und persönlicher Beratung durch Spezialisten ermöglichen sie es einem Bauherrn und seiner Baufrau, selbst Hand anzulegen für ihr eigenes Haus. Was für ein Gefühl, in ein Haus einzuziehen, das man selbst gebaut hat! Hebel Haus hat eine ganz neue Kommunikationskampagne gestartet und neue Begriffe kreiert. Hier ein Auszug:

„Wie hört, sieht, fühlt sich das neue BeHAUStSein an? Unsere erste Hülle ist unsere Haut. Die zweite unsere Bekleidung. Und

die dritte ist das Haus. Das Haus, bei dem es einem WOHLIG WARM ums Herz wird. Es schützt uns bei Kälte und Wärme, Regen und Wind.
Vom Wert und Mehrwert. Es gibt etwas, das unbezahlbar ist: Glück.
Sicherheit ist ein Gefühl, hier ein paar Fakten: Die Magie der Zahl, Die Magie des Vertrauens, Die Magie des Vergleichens.
Dein Haus. Es steht für Dich im Regen. Setzt sich für Dich dem Wind aus. Und friert für Dich des Nachts.
Aufrecht, Aufrichten, Richtfest: Laßt bunte Bänder flattern.
Wenn sich eine Taube auf dem Dach Deines Hauses niederläßt, werden Deine Kinder glücklich sein."

Dies ist nur ein kleiner Teil der neuen Sprache, die bei Hebel Haus gesprochen wird. Den neuen Katalog, in dem 17 Haustypen vorgestellt werden, nennen sie „Das Hebel Haus Buch". Alles ist künstlerisch gestaltet, mit visionären Zeichnungen und stimmungsvollen Bildern ganz neuer Art, wie moderne Kunst. Alles wird auf den Briefbögen und Visitenkarten der Mitarbeiterinnen und Mitarbeiter konsequent durchgezogen. Der Erfolg ist entsprechend groß, trotz Rezession und der Tatsache, daß es in der Baubranche allgemein sehr schlecht läuft.

Interhome

Bruno Franzen, der Gründer dieser inzwischen weltweit größten Vermittlerfirma für Ferienwohnungen und Ferienhäuser, hatte in den achziger Jahren eine Idee. Warum soll in seinem Unternehmen eigentlich noch Papier verwendet werden? Es war bereits alles per Computer organisiert, die Niederlassungen waren online vernetzt, und an jedem Arbeitsplatz stand ein Personal Computer, der an diesem Netz angeschlossen war. Die Buchungen fanden alle per

Computer statt, weshalb also noch etwas Schriftliches? Ab sofort befahl Bruno Franzen – und man empfand es anfänglich als Befehl –, daß niemand mehr Papier benutzen dürfe. Alles – auch interne Mitteilungen, Anfragen, Auskünfte usw., die nicht telefonisch oder persönlich besprochen werden konnten – mußte über den Computer gehen. Heute würde man das als Electronic Mail bezeichnen. Die Kunden bekamen natürlich schriftliche Bestätigungen über ihre Buchungen, die Vermieter Verträge, aber innerhalb der Firma existieren keine Kopien, denn alles ist ja im Computer gespeichert.

Bruno Franzen machte jeden Tag einen Rundgang durch alle Büros, und wenn er irgendwo ein Stück Papier fand, eine handschriftliche Notiz, eine Fotokopie oder etwas ähnliches, nahm er es und warf es fort. Nach einer gewissen harten Einführungszeit war es tatsächlich so, daß nirgendwo mehr Papier zu sehen war. Bei Vorträgen über seine Unternehmensphilosophie zeigte Franzen ein Dia einer Firmentoilette und kommentierte es mit: „Das ist der einzige Ort, wo wir bei uns noch Papier haben!" Abgesehen vom praktischen Wert – Personaleinsparungen und wesentlich schnellere Auskunftszeiten waren die konkrete Folge – ist der Erfolg des inzwischen weithin bekannten „papierlosen Büros" überwältigend. Emotional Selling braucht kein Papier.

Festo

Wie können pneumatische Werkzeuge mit Emotional Selling verkauft werden? Das ist doch etwas Technisches und rein Rationales! Nicht so bei Festo. Sie haben den Künstler Ivan Pestalozzi beauftragt, Luft sichtbar zu machen. Das ist ihm auch gelungen, und seine Kunstwerke sind zu ähnlichen Kultobjekten geworden wie die lärmenden und sich bewegenden Skulpturen des Schweizers Tinguely. Die Wanderausstellung dieser Objekte wurde ein großer Erfolg.

Essen und Trinken

In der Gastroindustrie werden natürlich seit jeher die Gefühle angesprochen. Alles, was gut schmeckt, bewegt schließlich die Sinne und damit unsere Gefühle. Aber da gibt es Beispiele, die weit über das hinausgehen, was man üblicherweise findet.

Jacky Donatz vom „Sonnenberg" in Zürich ist Schwergewichtler. Jacky Donatz behauptet, 140 Kilogramm zu wiegen (wahrscheinlich sind es mehr) und bietet seine Riesen-Kalbskoteletts an, die weltberühmt sind. Er verkörpert jemanden, der gut, gern und viel ißt. Das überträgt sich sehr erfolgreich auf die Gäste. Das Restaurant ist immer voll.

Auf dem Markt in Marakkesch steht ein Gewürzverkäufer. Er hat ein großes Tuch auf dem Boden ausgebreitet, darauf hat er viele Häufchen von verschiedenen Gewürzen im Halbkreis um sich herum ausgeleert. Vor sich hat er einen Stapel von Papierbögen zum Einpacken. Er nimmt einen langen Löffel und beginnt laut zu erzählen. Märchen, Geschichten, spannende Erlebnisse und Begebenheiten. Kundinnen kommen und hören interessiert zu. Die ersten Gewürzmischungen verschenkt er. Es herrscht bald eine aufgeregte Stimmung. Sein Gewürzverkauf blüht auf. Die Frauen äußern stichwortartig ihre Wünsche, die er in rasendem Tempo erfüllt, so schnell wie er spricht. Es bildet sich eine Menschentraube, das beste Mittel, um weitere Menschen anzuziehen. Er macht ein Riesengeschäft, weil er seine Ware über Geschichten verkauft.

Ein junges Pizzaunternehmen in Zürich. Lauter junge Leute, die in der momentan schwierigen Zeit sehr erfolgreich sind. Warum? – Abgesehen davon, daß sie ein wirklich umfangreiches und köstliches Angebot haben (der Autor hat es ausprobiert, es schmeckt wirklich hervorragend). Der Pizzakurier läutet an der Haustüre. Er ist ganz außer Atem. Warum? Er sagt, er hätte nicht den Lift genommen, sondern sei die Treppe zu Fuß hinaufgelaufen. Der Lift wäre ihm zu langsam. Er möchte, daß die Pizza heiß sei, wenn er sie bringt. Welches Gefühl, dann die heiße und wohlschmeckende Pizza zu essen! Klar, daß man immer wieder dort bestellt!

Barkeeper. Wer kennt sie nicht, die Situation, bei der eine hübsche Barmaid dem gebeutelten Manager zuhört, ihm gut zuspricht und ihm sagt, er sei ganz in Ordnung. Sie weckt in ihm Emotionen, willkommen und akzeptiert zu sein. Der Drink ist für ihn nur ein Vehikel für sein gutes Gefühl. Die Barmaid hat durch ihr emotionales Engagement ihre Drinks oder den Champagner emotional verkauft.

Inzwischen haben sich die Zeiten geändert. Alles ist schneller, dynamischer und spektakulärer geworden. So auch die Barszene. Nun ist nicht mehr nur die Barmaid in Aktion. Jetzt sind auch die smarten Boys angesagt, die mit Humor, Dynamik und akrobatischen Einlagen für Stimmung sorgen. Sie arbeiten mit Musik, Licht und Bewegungen. Es entsteht ein Rhythmus, so daß das Publikum kaum anders kann, als zu erwarten, daß seine Drinks mit ebenso charmant-rasanten Bewegungen, Flaschenpirouetten und Drehungen auf den Tresen gebracht werden. Es wird Stimmung herbeigezaubert, ein exklusives Zuschau-Erlebnis geboten. Das Ergebnis: Es wird sehr viel konsumiert.

Weinkauf. Wer mag nicht ein gutes Glas Bordeaux, Burgunder oder Chardonnay trinken? Doch den Wein vom Regal im Supermarkt holen und an der Kasse bei einer unfreundlichen Kassiererin bezahlen, verdirbt das ganze Vergnügen.

Im Weinladen gibt es immerhin eine Konversation über den Jahrgang, den Preis oder das Kredenzen der Weine bei richtiger Temperatur. Aber das bißchen an positivem Gesprächsstoff wird schon bald in den Hintergrund getreten sein. Hört man den Weinfans zu, zählen heute andere Erlebnisse. Es geht um die Situation direkt beim Weinproduzenten: Hat der Winzer den Rebhain gezeigt, wo der Chardonnay herstammt? Ist er mit dem Kunden in den tiefen, dunklen, feuchten Keller gestiegen, und hat er zwei, drei Gläser bei Kerzenlicht gespült und dann den Saft mit der Pipette aus dem Barrique, dem edlen Eichenfaß, vorsichtig in die Gläser abgefüllt? Zu diesem Ritual diskutiert man das Wetter und den Hergang der Ernte. Der Kunde ist Gast, der am Weinkeltern Anteil nimmt. Er kommt ins Schwärmen, wird vom Winzer angesteckt, der den Tropfen authentisch und persönlich vertritt. Beim Genießen des Weins in den eigenen vier Wänden kommen Erinnerungen an den Kellerbesuch auf, bei dem man viel gelernt hat und bei dem eine emotionale Bindung zum Winzer und seinem Wein entstanden ist. Diese Bindung bleibt über Jahre bestehen. Mindestens so lange wie der Wein trinkreif bleibt. Dann wird wieder neuer Wein gekauft …

Ikea

Dieses Unternehmen ist puncto Werbung bisher überhaupt nicht aufgefallen. Im Gegenteil, die ganzseitigen Inserate waren voll von Produkten und den tiefen Preisen, so wie das jeder Discounter macht. Über tiefe Preise zu verkaufen ist das Gegenteil von Emotional Selling (außer die sehr tiefen Preise sind im Sinne eines „Schnäppchens" doch wieder sehr emotional aufgeladen...). Aber jetzt hat Ikea in der Schweiz wirklich etwas ganz Neues und Originelles gemacht: An Plakatwänden mit der Überschrift: „Nur Klauen ist billiger!" werden richtige Möbelstücke, z. B. Sofas, angebracht. Man muß nicht lange darauf warten, bis jemand mit einem Lieferwagen vorfährt, das Sofa abmontiert, auflädt und mit ihm davonfährt. Es ist ja schließlich legal. Emotional Selling in absolut einmaliger Form! Mindestens ist es der Anreiz dazu.

Der Uhrendoktor von Antwerpen

Jan Wage, der bekannte holländische Verkaufsberater, erzählt die Geschichte vom erfolglosen Uhrenrestaurator, der in einem heruntergekommenen Viertel von Antwerpen einen kleinen Laden übernommen hatte. Es fehlte ihm an Aufträgen.

Zuerst empfahl ihm Jan Wage, die Lage des Geschäftes in einem andern Licht zu präsentieren: „Im Dreieck der drei berühmtesten Museen von Antwerpen". Der junge Reparateur sollte für diese Museen gratis einige Uhren reparieren – gegen ein Zertifikat. Diese Zertifikate rahmte er ein und hängte sie in seinem Geschäft auf.

Früher ging der Reparateur auf einen Telefonanruf hin zum Kunden und unterbreitete ihm an Ort und Stelle eine Offerte. Acht von zehn Kunden wollten sich das zuerst überlegen, und er hörte nie mehr wieder von ihnen. Auf Wages Rat hin nimmt er jetzt die Uhr in seine Uhrenklinik (nicht mehr „Laden" oder „Atelier") mit, um dort eine gründliche Diagnose für eine Restauration zu machen. Der Kunde kann nach drei Tagen in die Uhrenklinik kommen und erfährt dann den Preis für die Restauration seiner Uhr. Er läßt sie dann meistens da, schon um sie nicht selbst wieder nach Hause tragen zu müssen. Außerdem sieht er die Zertifikate von den Museen an der Wand hängen. Noch eindrucksvoller ist für den Kunden die Ausrüstung des Reparateurs. Er trägt einen weißen Arztkittel, ein Stethoskop und Chirurgenhandschuhe und erklärt dem Kunden seinen „Sieben-Stufen-Plan", nach welchem die Uhr instand gesetzt wird, ohne daß die Teile von Hand berührt werden.

Inzwischen tritt der Reparateur einmal pro Monat im belgischen Fernsehen als Sachverständiger für eine Sendung über Antiquitäten auf und ist weit über die Landesgrenzen hinaus bekannt geworden.

Autos, die gut riechen und glücklich machen

Auch bei Autos schwinden die Grenzen zwischen rationalem Beurteilen und emotionalem Empfinden, wie wir bereits gesehen haben. Nun wird auch noch der Geruchssinn angesprochen. In japanischen und italienischen Luxusautomobilen werden Zubehöre integriert, die spezielle Düfte erzeugen: Coolfresh, Pfirsichblüten und Zitrone. Mercedes baut auf geruchlos, geruchsneutral. Düfte, die aus der Verarbeitung stammen, z. B. von Kunststoffen, werden eliminiert. Für Mercedes soll Qualität duftfrei sein. Also duftet ein teures Auto entweder gut, oder es duftet gar nicht.

Auch die Stimmung beim Autofahren wird näher analysiert. Der amerikanische Psychologe Csikszentmihaly hat nach längerer Forschung festgestellt, daß die Menschen beim Autofahren von allen Alltagstätigkeiten die beste Stimmung haben. Sie fühlen sich am Steuer stark, konzentriert und sehr oft glücklich. Nirgendwo sonst fühlen sie sich freier, um über ihr Leben nachzudenken. Wer traurig ist oder Schwierigkeiten hat, kann durchs Autofahren seinen Zustand verbessern oder dabei sogar seine Probleme lösen. Ein Teil der Aufmerksamkeit ist auf das Fahren fokussiert, aber der andere Teil des Kopfes ist frei – um sich auf Gedanken oder Ideen zu konzentrieren, Pläne zu schmieden, Entscheidungen zu treffen, ohne sich gleichzeitig schuldig zu fühlen, wenn die Vorhaben nicht sofort umsetzbar sind. Die meisten Menschen fühlen sich beim Autofahren sehr kreativ, ähnlich wie beim Schwimmen oder Laufen. Das heißt, der Körper ist in Bewegung, aber der Geist ist frei. Nach Csikszentmihaly ist das Auto keine Maschine, um von A nach B zu kommen. Es ist ein Ort, der sehr viel bietet: Freiheit, Geschwindigkeit, Gedanken, Emotionen, Musik. Jedermann kann lernen, diese Möglichkeiten zu nutzen, um das Fahren zu genießen. Nach den umfassenden Studien spielt es keine Rolle, wie groß, schnell oder teuer das Auto ist. Die Fahrer bekommen ihre Glücksgefühle durch verschiedene Faktoren.

Die emotionale Zukunft

Die Jahrtausendwende wird zweifellos wieder zu einem emotionalen Höhepunkt. Der Gründe dafür gibt es viele. Motor dieser Entwicklung ist die zunehmende wirtschaftliche und politische Unsicherheit, die die Menschen – hinsichtlich Konsum, Wertigkeiten, Glauben etc. – dazu treibt, vermehrt Fragen zu stellen und nach Lösungen zu suchen. Die wirtschaftliche Unsicherheit hat bereits über die Hälfte der Menschen in Europa direkt oder indirekt ergriffen. Es gibt keinerlei Indizien dafür, daß sich der wirtschaftliche Status der meisten Menschen in den nächsten Jahren verbessern wird. Eher das Gegenteil wird vorausgesagt. Die

Wenigverdiener werden den Gürtel noch enger schnallen, und viele werden ihren jetzt noch überdurchschnittlich hohen Lebensstandard herabsetzen und sich einschränken müssen.

Ob jeder einen Arbeitsplatz haben wird in den nächsten Jahren und Jahrzehnten, scheint sehr unsicher zu sein. Zumindest werden Arbeitsplätze langfristig nicht mehr sicher sein. Wenn jemand einen Beruf erlernt, wird er ihn nicht mehr unbedingt „lebenslänglich" ausüben können. Arbeitsverträge werden immer öfter nur für spezifische, zeitlich begrenzte Projekte abgeschlossen. Das hat natürlich auch sein Gutes. Aber die Verunsicherung wächst damit. Was werde ich tun, wenn das Projekt, bei dem ich jetzt mitarbeite, zu Ende ist? Was werde ich in fünf Jahren tun? In welchem Bereich werde ich arbeiten? Werde ich überhaupt arbeiten können? Wo werde ich leben und arbeiten?

Jeremy Rifkin stellt in seinem Buch „Welt ohne Arbeit" die These auf, daß die profitorientierten Unternehmen allein niemals mehr alle arbeitsfähigen und arbeitswilligen Menschen werden beschäftigen können. Er sieht eine dritte Kraft kommen: die Non-Profit-Organisationen, die mehr der allgemeinen Wohlfahrt dienen. Wer weiß es? Jedenfalls besteht – vor allem bei den jungen Menschen – eine zunehmende Verunsicherung und Angst vor der Zukunft. Man macht sich große Sorgen über eine globale Klimaerwärmung, Umweltverschmutzung, zunehmende Kriminalität und Brutalität. Laufend entstehen neue, fürchterliche Krankheiten, gegen die es noch keine Medikamente gibt. Man spricht von der Endzeit.

Das nützen viele aus. Falschmünzer, die mit ihren Botschaften auf Emotionen bauen, greifen um sich. Falsches Gold wird in vielen Formen auf den Markt geworfen. Den erhofften Gewinnen stehen große Verluste gegenüber.

In dieser Situation müssen sich die Unternehmer darauf besinnen, wo sie stehen und was sie bieten wollen. Sie müssen sich klar darüber werden, daß die nächsten zehn Jahre über ihr Sein oder Nichtsein entscheiden werden. Wer gute Produkte und Dienstleistungen bietet, soll diesen Weg weitergehen. Er wird ihn aber nur zu Ende gehen können, wenn er den Paradigmenwechsel hin zu einer hoch emotionalen Gesellschaft vollzieht, die zuerst Lösungen erwartet und dann die Leistung.

Es gibt aber auch positive Anzeichen, die Hoffnung bringen. Man beginnt, die eigenen Emotionen zu entdecken. Was früher noch in der Erziehung gelehrt wurde: „Du mußt deine Gefühle unterdrücken und wegstecken, wenn du Erfolg haben willst!", erweist sich zunehmend als unzulänglich. Zu oft entstehen dadurch frühe Abnützungserscheinungen und schlimme Krankheiten.

Man lebt authentischer. Im Sinne eines Selbstschutzes haben viele erkannt, daß es besser ist, die eigenen Gefühle anzuerkennen, sie zu zeigen, darüber zu reden und sie auf diese Weise als Teil des eigenen Systems, als Teil des Lebens anzunehmen. Man verteidigt sich zunehmend emotional. Schlechte Gefühle auszusprechen, manchmal sogar laut herauszuschreien, wird als befreiende Therapie erkannt.

Gute Gefühle will man bewußter produzieren, um so den zunehmenden Negativeinflüssen besser begegnen zu können. Man hat erkannt, daß gute Gefühle nicht nur aufgrund positiver äußerer Einflüsse entstehen, sondern daß man sie durch die persönliche Einstellung, durch bestimmte Einstellungs- und Verhaltensweisen selbst produzieren kann. Dazu gehören gezielte Einkaufs- und Freizeiterlebnisse. Dazu gehört aber auch die Schaffung eines Beziehungsnetzes von Menschen, die eine positive Wirkung haben.

Emotional Selling wird sich nicht nur auf das Einkaufser-

lebnis auswirken, sondern auch auf die täglichen zwischenmenschlichen Kontakte auf allen Stufen, sowohl im
täglichen beruflichen Ablauf wie auch im Privatleben. Man
lebt bewußter und glücklicher mit Emotionen als ohne sie.

Weiterführende Literatur über Techniken des Emotional Selling

Bandler, Richard/Grinder, John: Strukturen subjektiver Erfahrung, Ihre Erforschung und Veränderung durch NLP, Junfermann, Paderborn, 1985

Goleman, Daniel: Emotionale Intelligenz, München, 1996

Holzheu, Harry: Natürliche Rhetorik, Econ, Düsseldorf, 2002

Holzheu, Harry: Ehrlich überzeugen, Econ, Düsseldorf, 2003

Holzheu, Harry: Aktiv zuhören – besser verkaufen, mvg, 2000

Murphy, Joseph: Die Macht des Unterbewußtseins, Genf, 1990

Peale, Norman: Die Kraft positiven Denkens, Zürich, 1991

Rogers, Carl R.: Die klientenzentrierte Gesprächspsychotherapie, Kindler, München, 1981

Schirm, Rolf W.: Die Biostruktur-Analyse, IBSA Institut für Biostruktur-Analysen AG, CH-6342 Baar, 1996

Jetzt wächst zusammen, was zusammengehört

Kennen auch Sie das Gefühl, in der Flut unproduktiver Meetings und der täglichen E-Mail-Lawine unterzugehen? Herrschen auch in Ihrer Firma politisches Geplänkel und Grabenkriege zwischen den Abteilungen? Das sind Symptome interner Bruchstellen mit drastischen Folgen: Das Unternehmen verliert an Tempo, vergeudet Geld und trifft die falschen Entscheidungen. Die Mitarbeiter verlieren Energie und bekommen Magengeschwüre.

Peter Schütz zeigt mit einer Fülle von Praxisbeispielen, wie Vorurteile im Unternehmen überwunden und tote Winkel ausgeleuchtet werden können. Sein „Bruchstellenfilter" läuft wie ein Virenscanner bei jedem Projekt im Hintergrund und hilft, Bereichsegoismen zu überwinden und Kästchendenker aus ihren Schubladen zu befreien.

240 Seiten
Format 14,8 x 21 cm
Hardcover
ISBN 3-8323-0988-8
24,90 Euro (D) / CHF 42,30

Peter Schütz ist Professor für Marketing an der Fachhochschule Hildesheim. Seit über zehn Jahren schreibt er als Trendforscher für den Handelsblattverlag in Düsseldorf. 2002 führte er gemeinsam mit *Handelsblatt* und *absatzwirtschaft* eine bundesweite und branchenübergreifende Studie zum Thema „Bruchstellen-Management" durch.

REDLINE WIRTSCHAFT
bei ueberreuter

Weck den Berater in dir!

Beratung ist nicht einfach, wie jeder weiß, der schon einmal um einen Rat gebeten wurde. Denn meistens wollen die Leute gar nicht wirklich hören, was man raten würde! Alle, die beruflich beratend tätig sind, brauchen einige psychologische Kniffe, um ihr Wissen erfolgreich an den Mann und die Frau zu bringen.

Gerald M. Weinberg erklärt mit zahlreichen überaus humorvollen Eselsbrücken die Gesetze erfolgreicher Beratung – Pflichtlektüre für alle, die mit einem Berater zusammenarbeiten oder selbst beraten!

GERALD M. WEINBERG

DAS GESETZ DER HIMBEER-MARMELADE

REDLINE WIRTSCHAFT
bei ueberreuter

103 GEHEIMNISSE DER BERATUNG

256 Seiten
Format 14,8 x 21 cm
Hardcover
ISBN 3-8323-0982-9
24,90 Euro (D) / CHF 42,90

Gerald M. Weinberg blickt auf eine über 45-jährige Karriere als Softwareentwickler, Dozent und Berater zurück. Seit 1969 ist er Teilhaber der Beratungsfirma Weinberg & Weinberg in Lincoln, Nebraska. Gerald M. Weinberg ist Autor und Koautor von über 30 Büchern.

REDLINE WIRTSCHAFT
bei ueberreuter

Buchhändler aller Länder, bereichert euch!

Karl Marx, Buchhändler aus Wien, findet in Rom zufällig ein schmuddeliges Notizbuch. Neugierig fängt er an zu blättern – und was er liest, erschüttert ihn zutiefst. Handelt es sich tatsächlich um die Aufzeichnungen seines berühmten Namensvetters aus dem 19. Jahrhundert? Gibt es den „Club der toten Dichter"? Amüsieren sich die Unsterblichen beim Spiel „Deutschland AG"? Müssen die Revolutionäre von gestern heute über ihre Selbstvermarktung nachdenken?
Ein der Marx-Forschung bisher unbekanntes Dokument, das ungeahnte Konsequenzen für Wirtschafts- und Sozialwissenschaften haben wird, denn hier offenbaren sich wahrhaft revolutionäre Gedanken über Geld und Arbeit!

ca. 220 Seiten
Format 14,8 x 21 cm
Hardcover
ISBN 3-8323-1014-2
24,90 Euro (D) / CHF 42,30

Karl Marx wurde am 14. Dezember 1965 in Innsbruck geboren und lebt heute in Wien. Seit 1990 ist er als Buchhändler tätig, die letzten sieben Jahre war er Einkaufsleiter bei der größten österreichischen Buchauslieferung.

REDLINE WIRTSCHAFT
bei ueberreuter

Lächelnd zum Ziel

Wer hat nicht schon gegenüber Chef, Kollegen oder Familienangehörigen zurückgesteckt, nur weil man keinen Streit provozieren wollte? Hinterher ärgert man sich, weil man die eigenen Wünsche wieder einmal hintangestellt hat. Dabei schließen Durchsetzungsvermögen und Freundlichkeit einander nicht aus! Tanja Baum zeigt, wie man auf freundliche und faire Art verhandelt und so eigene Ziele verfolgt, ohne mit dem Kopf durch die Wand zu gehen. Viele Fallbeispiele und ein Trainingsprogramm helfen auf dem Wege zu einer positiven und erfolgreichen Kommunikation.

Tanja Baum

REDLINE WIRTSCHAFT
bei ueberreuter

Die Kunst, sich freundlich durchzusetzen
Verbindlich sein und beliebt bleiben-
in Beruf und Alltag

ca. 240 Seiten
Format 14,8 x 21 cm
Paperback
ISBN 3-8323-0961-6
19,90 Euro (D) / CHF 33,90

Tanja Baum gründete 1999 in Köln Deutschlands erste Agentur für Freundlichkeit. Sie berät heute unter anderem die Rewe Dortmund eG, die Kreissparkasse Ludwigsburg, die Restorama AG, Zürich sowie die DaimlerChryslerAG, Niederlassung Frankfurt/Offenbach.

REDLINE WIRTSCHAFT
bei ueberreuter

Es kann nur einen geben!

Wer nicht in der Masse untergehen will, muss seine eigene Marke ICH® aufbauen. Dabei kann man von den Strategen der großen Weltkonzerne viel lernen! Die überarbeitete Auflage zeigt, wie man mit dem Herold-Prinzip einen starken Auftritt erreicht, wie man mit einer leicht nachvollziehbaren Anleitung seine eigene Marke ICH® aufbaut und wie es zahlreichen Menschen gelungen ist, sich wie einen Markenartikel zu positionieren.

ca. 312 Seiten

Format 14,8 x 21 cm

Paperback

ISBN 3-8323-1012-6

15,90 Euro (D) / CHF 27,50

Conrad Seidl, Redakteur bei DER STANDARD und Kolumnist verschiedener Fachzeitschriften, hat mit zahlreichen Sachbüchern, Fachartikeln und Vorträgen seine Marke *Bierpapst* gefestigt.

Werner Beutelmeyer ist Marktforscher und Institutsleiter von *market* – eines der führenden Institute für Markt-, Medien- und Politikforschung – in Linz.

REDLINE WIRTSCHAFT

bei ueberreuter